ICHIRO ON ICHIRO

Narumi Komatsu

Interview Special Edition

ICHIRO ON ICHIRO
Interview Special Edition

Contents

腰帶及內頁照片提供：達志影像

ICHIRO ON ICHIRO

Interview Special Edition

鈴木一朗訪談全紀錄

ICHIRO ON ICHIRO

Interview Special Edition 第一部

第一部是
根據二〇〇一年十一月
於西雅圖進行的訪談內容寫成。

大聯盟的第一年

終於成為大聯盟球員

——二〇〇一年終於成爲大聯盟球員的一朗，一定體驗了許多在日本時無法想像的經歷吧？

一朗　自從確定轉隊到西雅圖水手隊以來，許多事情接踵而來，覺得好像已經過了好幾年的時間；又好像只不過是幾個月的事情。回顧到目前爲止的人生，從來沒有像去年這樣，體驗到如此戲劇性的變化。

——自從一朗您轉隊到西雅圖水手隊以來，日本的球迷透過衛星轉播觀賞球賽，眞正享受到大聯盟棒球的精采刺激。因爲一朗的加入，使得大聯盟成爲大家生活中的一部分，更於每天看球時，震懾於大聯盟球員精采的攻守表現、見識到他們的高水準球技。一朗及其他日本球員的活躍，引發了日本國內的狂熱，甚至出現了大聯盟的相關報導篇幅竟然超過日本職棒的現象。

一朗　如果大家能打從心裡享受大聯盟球賽，實在是太好了。因爲我本身也跟在日本爲我加油的各位一樣，在不斷的震撼與興奮中度過。強烈地感受到，自己終於能在一心嚮往的大聯盟打球，那種充實感，老實說，眞的很高興。

——二〇〇〇年十一月自日本出發，從亞利桑那州皮奧利亞（Peoria）的春訓營，一直到展開大聯盟球員生涯的這一段歷程中，現在回想起來，印象最深刻的是哪一部分？

一朗 說起來，最常想起的，反而不是身爲大聯盟球員第一次上場時的情形，而是歐力士藍浪隊正式宣布同意採取競標方式讓我轉隊到大聯盟的事，尤其是水手隊參與競標得標時的情景。也許是因爲那段期間是我最不安的時候。那時滿腦子想的都是大聯盟的棒球。經過一個月的春訓，接近球季開幕的時候，才開始有了「打球」的眞實感。不過，在等待轉隊結果的過程中，雖然心裡充滿了期待，但同時也充滿了惶恐，能達到現在的狀況，更是連想都不敢想。不論是日常生活還是環境的變化，都充滿了戲劇性。

——二〇〇一年球季開始前，也就是皮奧利亞的春訓營時，一朗您曾說：「在這裡連個朋友都沒有，想要消除壓力也只能開開車而已。」我想起您的夫人弓子也說過：「在這裡，光是要買到像日本那樣好吃的牛肉或新鮮的魚都難。」

一朗 我爲了實現自己的夢想，毅然決然離開日本來到這裡，弓子也全力地支持我。爲了消除自己的不安，也只能勇往直前。可能正因爲如此，才會常常回想起這一段時期的事。

——決定搬到西雅圖，以水手隊球員的身分生活在不同的文化之下的那種堅強，跟在日本生活時相比，是不是有些什麼不一樣的地方？

一朗 應該說是適應能力吧！要習慣住在與日本完全不同的環境下，當然不是件容易的事。從社會的規範、習慣、食物、語言等等，不論是什麼不同都必須全盤接受。但是我並不引以為苦，因為如果不接受這些不同、不住在西雅圖的話，就不能夠在美國出場比賽。

——除了心態上要堅強之外，球技上也有了革新吧？在日本連續七年奪得打擊王，在大聯盟又更上一層樓。一朗所創下的紀錄以及獲得的幾個獎項，就是最好的證明。

一朗 的確，我被賦予的任務跟在日本時不同，為了球隊獲勝，必須確實拿出成果。也許就是因為必須拿出大聯盟所要求的球技、紀錄，才刺激了自己的向上心。

——也就是說，您實際體驗到大聯盟超乎想像的高水準，而得以將目標推升到更高的境界。

一朗 是的。除了得到「只要發揮自己的實力就可以在大聯盟生存」的自信，也對大聯盟棒球的嚴格、激烈以及偉大有更深的體認。再加上發生九一一恐怖攻擊事件，更讓我體認到美國團結的力量。這也是非身為大聯盟其中一員所無法體會的。

——而您對這些事情的體會，也在球場上，透過比賽這種特殊的語言表現得淋漓盡致。

一朗 正是如此。

獲選MVP的感想

——以上種種經歷所得到的成果就是，您獲選了二〇〇一年球季美國聯盟MVP（最有價值球員）獎項。去年十一月二十日正式獲獎時，您的心情是如何呢？

一朗 我是在自己家裡接到電話通知的。那時候我剛睡醒，正想打開電腦看看有沒有電子郵件的時候，電話就響了。是水手隊的球隊職員末吉英則先生打來的。他對我說：「恭喜，您獲選爲MVP了喔。」不過，那時才剛睡醒，腦袋昏昏的，一開始只覺得「嗄？」雖然向對方道了謝，卻沒什麼眞實感。

——清醒了以後，才漸漸發覺事態的重大吧（笑）？

一朗 是啊！腦袋逐漸清醒後才覺得：「啊！太棒了！」這下子再也坐不住了（笑）。我自己眞的沒想過會獲得MVP這個獎項，一直以爲是隊友的二壘手Bret Boone會得獎。整個球季他有141個打點，而且也打出許多致勝安打。由於我心裡一直認定Boone是MVP的最佳人選，所以當自己被提名爲MVP候選人的時候，眞的很意外。

——Boone在球季中的活躍，日本媒體也有很大的報導，再加上他祖孫三代都是大聯盟球員的關係，極爲受到注目。說不定他的表現，也是受到一朗您的刺激？

一朗 我想他一定是抱著「才不能輸給這樣的菜鳥」這種心態吧（笑）。

——一朗您眞的沒想過自己會成爲MVP候選人嗎？

一朗 是的！因爲從過去的歷史來看，大聯盟所選出來的MVP大多是全壘打或是打點多的球員。我覺得應該不會選像我這樣打第1棒、主要不是打全壘打而是打安打這種類型的球員，所以才會這麼驚訝。後來看了票選MVP的記者們（每個球隊主場的資深記者各二位參與投票）的投票內容，例如奧克蘭的記者其中一位就把票投給Giambi、Boone、Thome三個人，其中並沒有我的名字。把票投給Thome應該是因爲他的全壘打能力，我也覺得這是理所當然。實際上，把票投給全壘打打者的大有人在。知道了這個事實，讓我更爲高興。因爲我能夠超越MVP＝全壘打打者這個既定的模式，而獲得那麼多選票，實在令我太開心了。

——弓子夫人那時說了什麼呢？

一朗 接到電話時她就在我身邊，跟我說了「恭喜」。

——弓子夫人應該和您一樣，覺得很高興吧？

一朗 她在背後支持著我，生活想必過得很辛苦。我大多跟著球隊移動，在球場上也有許多人幫忙，但是她在西雅圖的家裡，什麼事都得自己來，跟我比起來，精神壓力一定大得多。我想她一定忍受了許多苦楚。我由衷感謝她與我一起並肩作戰。

——弓子夫人，當時的心情如何？

弓子 當我聽到他獲選爲MVP時，眼淚忍不住掉了下來。喜悅之情眞的是言語無法形容。

——離開日本，生活在完全不同的環境裡，一朗您將心思都放在棒球上，每天在球場上打拚。而美國人也把一朗當成大聯盟球員，不吝給予支持。我覺得不管是什麼時候，美國眞的是一個能夠對於挑戰者心存尊敬的國家。

一朗 的確如此。我覺得這個國家有一種能接受挑戰者的雰圍，不管這個挑戰者是從哪個國家來的。但是另一方面，他們也會用嚴格的標準來審視挑戰者的能力。我認為這是應該的，也因此，我更加嚴格要求自己，必須無時無刻拿出最佳的表現。

——第1棒打者的任務是打出安打上壘、在跑壘和守備時運用自己的腳程、發揮臂力刺殺對方的跑者，而一朗您的確也充分發揮了自己的實力。

一朗 是的。我一直主張「希望打從心底享受棒球的樂趣」。其實這也意味著，希望能將自己所有的力量完全發揮出來。

——在獲選為MVP之前，美國的媒體就評論您是「喚醒了數十年來被遺忘的棒球刺激之選手」。最近這幾年，大聯盟的話題都繞著全壘打量產的球員。當然，這也是大聯盟的迷人之處。不過電視評論員或運動記者都說：「是日本人一朗讓我們想起棒球中打擊、跑壘及守備的有趣之處。」甚至有記者說：「一朗的球技就像是MLB的列祖列宗復活。」棒球不是只有全壘打和打點，您充分運用智慧及體能來打球，獲得了很高的評價。這種衝擊甚至改變了大聯盟的棒球。

一朗 我自己倒是沒有想那麼多，所以聽到媒體和球迷這樣說時也很驚訝。在我的價值觀裡，棒球選手要能傳、能接、能打、能跑，而且這些能力還必須異於常人。我不但這麼認爲，也不斷提醒自己必須做到。即使現在轉隊到水手隊，這個想法仍然沒變。對我來說，只不過是在做跟以前一樣的事罷了，沒想到會被人覺得很「新鮮」，甚至被說成「使棒球變得更刺激了」。我根本沒有特意要獲得這樣的評價，因此感到很意外。

——二〇〇一年的季賽，一朗將對自己的要求賣力實踐於球場上，甚至可以說是「過於老實」地將自己所有的能力發揮在球賽中。以第1棒打者的身分，擊出內野安打或觸擊，使得球迷狂熱地享受球賽。一朗雖然只是盡自我要求在打球，結果卻深深吸引了球迷，也因此才會入選新人王及MVP。我覺得能選出與以往不同價值觀的MVP，也算是「大聯盟風格」吧。

一朗 球賽中有全力以赴的球員，才會有狂熱的球迷。在這一連串的過程中，能被選爲MVP，應該是我最高興的事吧。

——得獎後，有沒有感受到身爲MVP的壓力？

一朗 MVP這個獎項，也是對球員的期望。從球迷那裡得到的祝福越多，期待也越多的時候，會有一種眞實感。另一方面，我本身是不希望太依賴這個獎項的。

——MVP是上個球季的評價，新的球季一開始就展開新的挑戰是嗎？

一朗 是的。我認爲不管是好的評價還是壞的評價，都是周圍的人所決定的，並不代表就是自己表現出來的成果，也不是指標。絕對不能因此迷失了自己。

——的確，「獎」這個東西是別人給的。

一朗 能夠獲獎當然很令人高興，但我不希望因爲別人的評價而影響我的表現。成爲棒球球員以來，也得過不少獎項，最近有人問我說：「棒球生涯中，這次的MVP占有多重要的地位？」當然沒有比這更光榮的事了，但是一個球員的評價有高有低，經常變動。如果老是抱著「我是MVP」這種想法，其實是很危險的。

——也就是說，不想失去自己的價値觀吧？

一朗 對！比如說，得獎後我也問了許多人的意見，很多人都說：「一朗果然厲害，能得到MVP這個獎。」得獎當然高興，但是在高興之餘，不要受到旁人評價的影響，重要的是確實掌握自己的能力到底在哪裡。這時候若是不小心，就很容易出錯。被選爲MVP，會受到大家的讚賞，不論走到哪裡都很出風頭。人被捧上了天以後，會變得自以爲是，而且習慣了這種待遇，就很容易迷失自己。但是漫長的球季裡，也有表現不好而受到批判的時候。如果老是想著別人對自己的評價，就會暴露出自己的弱點。我是這麼覺得的。所以重要的是自己如何嚴格地確實評估自己。具備這樣的觀點是非常重要的。如果可以做到這一點，不論別人對自己的評價如何變化，都可以自立自強。在迎接新球季的到來之際，更應該將這個想法銘記在心。

再這樣下去，打不到大聯盟投手的球……

——一朗您的獨立自主，和在日本打球時沒什麼兩樣。接下來要請您回顧一下挑戰大聯盟這急劇變化的一年。

一朗　好啊！當然。

——經歷了皮奧利亞春訓的仙人掌聯盟，來到四月二日，於水手隊主場Safeco Field的開幕戰。您是從什麼時候開始了解：「啊！原來這就是大聯盟！」實際感受自己是屬於西雅圖水手隊的一分子呢？是有一天突然這樣感覺到，還是隨著球賽的進行，一點一滴感受到的呢？

一朗　兩方面都有吧。有時候會一瞬間對大聯盟有一種強烈的意識，而有些東西則是經過一整年才了解到的。至於實際感受到自己身處大聯盟，是一點一滴的吧。不過，關於打擊方面，則是有很戲劇性的一幕。有一天，我在某個瞬間突然覺得「這樣打，一定打得到」，當時我十分確信自己的這種感覺。這也許是我在大聯盟能否生存下去的轉捩點。

——是指在打擊的部分有了很大的進步嗎？

一朗　與其說進步，倒不如說是發現。

——一朗您曾說過，九九年四月，面對西武獅隊的西崎幸廣投手，打了一個二壘方向滾地球出局的那一瞬間，了解了如何修正打擊技巧。所謂打擊上的發現，是不是就像那時候的感覺一樣？

一朗 是的。二〇〇一年三月，參加皮奧利亞的幾場熱身賽的時候，的確有一段時期對自己在大聯盟的打擊狀況感到很不安。每次進入打擊區時，總覺得哪裡不對勁。那時心想，再這樣下去會打不出自己應有的水準。

——原來還有這麼一段時期啊！

一朗 照那樣下去，搞不好連登錄爲水手隊的先發都很危險。因爲無法照自己的感覺去擊中投手的球。

——這是爲什麼呢？

一朗 因爲我還是按照在日本時的打擊姿勢和節奏在等球的關係。不論進入打擊區多少次，還是很不順利，完全抓不住感覺。一開始我還偷偷鼓勵自己：「一定是感覺還沒回來」。我在春天的時候，總要多花一點時間來調整狀況，所以告訴自己不要急。但是每天站上打擊區的時候，就是沒有「對了，就是這樣！」的感覺。我一直都有看錄影帶研究大聯盟投手的球路，心想自己應該應付得來，結果卻非如此。問題越來越嚴重，讓我漸漸地認清了現實。我發覺，原來不是身體狀況的問題，而是和我的打擊方式有關。

——結果是跟本身的打擊有關，而不是因爲環境或狀況沒調整好的問題。

一朗 是的。我開始有了危機感，於是去探究原因。找著找著才發現，原因在於日本投手和大聯盟投手投球節奏不同。大多數日本投手投球的動作都給予打者充裕的時間準備，投球的節奏大概是「1、2 and 3」這種感覺。在「1、2」和「3」之間有較長的間隔。

——這是日本投手獨特的節奏嗎？

一朗 是的。美國投手投球並沒有那個2和3之間的「and」。每一球之間的間隔也很短，不會每投一球就去摸一下滑石粉，就這麼砰、砰、砰地投過來，所以打者這邊也必須早點準備好。

——聽說在日本，投手所受的教育是，利用這個2和3之間的間隔集中力量。具體來說，到底有什麼不同？

一朗 仔細觀察就可以知道，美國幾乎沒有投手用「1、2，集中力量，3」這種節奏來投球的。用「1、2、3」這種快節奏投球的投手非常多。而我以往都是在那個間隔的瞬間才啓動擊球動作，這樣一來，便使得打擊產生了微妙的偏差。也就是說，不改變擊球的節奏是行不通的。

——話題回到歐力士隊時代，一朗您都是利用投手集中力量的那個間隔，將右腳上下移動來微調節奏，因而形成了獨特的打擊姿勢，也締造了連續七年打擊王的紀錄。

一朗 簡單來說，確實如此。歐力士時代，進入打擊區時抬起右腳的動作，的確是爲了配合投手那個間隔。當然每個投手的停頓時間都不一樣，並不是那麼簡單，但我確實是利用抬起右腳這個動作掌握住了節奏。

——但是到了大聯盟，抬起右腳來抓那個節奏的方法就不適用了。

一朗 正是如此。所以我完全捨棄了歐力士時代的動作，重新開始摸索。也因此，掌握了大聯盟投手投球的節奏，並馬上調整過來。春訓時一直困擾著我的不協調感，頓時一掃而空。

——這是什麼時候的事？

一朗 大概是三月中旬吧。

——適應大聯盟投手節奏的訣竅是怎麼抓到的？

一朗 首先，讓自己回到原點，然後將過去的打擊姿勢重新複習過一遍，也就是說，試著以去掉面對日本投手那個「and」的節奏來打擊。我心想：「大概是這樣吧！」結果還真的很合適。這個打擊姿勢是在我單一球季擊出210支安打那年（一九九四年）之前的打擊姿勢，那時還沒有抬起右腳的習慣。現在的打擊姿勢，應該和九二、九三年還在二軍打球時很像吧。

——真的嗎？八年來不曾使用的打擊姿勢再度復活了。

一朗 是的。當年（二軍時代）的打擊姿勢又回來了。每次站在打擊區時一面覺得「啊，這樣怪怪的」，一面想著「該怎麼辦、該怎麼辦？」結果有一天突然想到：「何不用以前不抬右腳的姿勢試試看？」那時熱身賽正打到一半，我對著Peoria球場裡的鏡子，不斷空手模擬打擊姿勢。也就是從那時候起，開始能掌握新的擊球節奏。

——當時馬上確信「這就對了！」嗎？

一朗 不只在練習中確認，在每天的球賽中也不斷地確認，因爲再怎麼說都是個明顯的改變。在球賽中每一次揮棒，就更加確信「這就對了！」

——一朗的打擊姿勢在轉隊到大聯盟之前和之後，看起來的確不一樣。轉隊之後不再抬起右腳。這就是大聯盟式的打擊吧。

一朗 是啊！但原則上的東西並沒有變。比如說，等球時一樣是看球的軌跡，而不是看一個點；視線跟住球，跟著這個軌跡揮棒的打擊原則是不變的。只是改變了抓節奏的方法而已。

——是加快揮棒動作的感覺嗎？

一朗 與其說加快揮棒動作，不如說省略了多餘的動作。也就是把投手動作中那個「and」去掉。跟日本的投手比起來，大聯盟投手的動作比較單純，打擊這邊也必須省略掉多餘的部分才跟得上。

——省略了那個「and」的間隔，就能配合投手的動作了。但是這樣一來，會不會把打者集中力量的那部分也去掉了？雖然不見得是爲了把球打得遠，但理論上，要打出有力量的球，打者不是也需要集中力量的那個間隔嗎？尤其比起日本投手，大聯盟投手的球又快又重，要把球打回去，如果少了集中力量的那個間隔，不是很容易打出軟弱無力的球嗎？

一朗 省略那個「and」，並不會因此失去集中力量的那部分。以前我的確是抬起腳來集中力量，但實際上就算不抬腳也能集中力量。二〇〇〇年我在日本的最後一個球季，腳抬起的幅度其實已經降低了很多。現在腳應該離地面更近了，因爲縮小了腳的動作，也就是下半身的動作幅度變小了。不過，打者集中力量並不是靠抬起右腳，而是靠左腳，尤其是左腳內側；靠的是左腳的內轉筋和膝蓋內側。抬腳和集中力量之間，並沒有絕對的關係，就算完全不抬腳也是可以的。

——運用身體就可以集中力量嗎？

一朗 是啊，因爲用來集中力量的左腳跟以前完全一樣沒變。

——就算不抬起右腳，在擊中球的瞬間，傳達到球上的力道也不會減弱。

一朗 當然！只要學會用左腳來集中力量，用不用右腳就沒有差別了。

——不過眞的很有趣！一朗您剛進職業棒球時，因爲用以往的打擊姿勢無法持續擊出安打，而開發出抬起右腳這種獨特的打擊姿勢；結果來到大聯盟，反而回過頭來求助於以前在日本時不用的打擊姿勢。

一朗 就是啊！我自己也以爲：「再也不會用到（以前的打擊姿勢）了吧！」（笑）。我心想，既然抬起右腳就能隨心所欲擊中球，應該再也用不上了吧。然而到了大聯盟以後，過去的技術卻再度派上用場。能夠及時發現並馬上得到解決，對挑戰大聯盟的自己是一個很重要的分水嶺。

——所以您在春訓的尾聲，就已經完全消除了打擊面的不安？

一朗 是啊！有一天突然覺得：「啊，這樣一來就沒問題了，節奏也完全掌握了，以後就沒問題了。」我想，從那天起，我才開始眞正成爲一個大聯盟的打者。

——開幕戰時如何？沒有不安嗎？

一朗 當然有一點，但是我相信我能做到。也許就是這樣的自信勝過了不安吧！

春訓時的課題

——還有一點，我想請教皮奧利亞春訓時的事情。當時很多美國媒體都在談論：「鈴木一朗總是把球打到左半邊。爲什麼不向右邊打呢？」好像總教練 Lou Pinella 也發現您總是推打，很少拉打。的確，剛開始一朗打的球幾乎都是往左邊飛。但是過了一段時間之後，球開始往右邊飛，總教練也安下心來對記者說：「這（把球打向右半邊）才是我想看到的。我還眞想跟他說：『既然有能力把球拉到右半邊，早點秀給我們看嘛！』（笑）」有關球擊出的方向，是不是有什麼原因呢？跟爲了配合投手的投球節奏所省略的動作，又有什麼關聯呢？

一朗　跟配合投手的節奏所省略的動作無關。這一點有點難說明，但我試著解釋看看好了。第一個是好球帶的問題。大聯盟的好球帶外角球的部分比日本寬鬆，首先我必須完全適應這個好球帶。內角球的話，只要通過本壘板上方就是好球，（跟日本的不同是）再往內側一個球很少被判爲好球。也不能說完全不會，但跟外角球比起來，確實很少被判爲好球。

——相反的，外角球的話，本壘板往外一個球，往往會被判爲好球。

一朗　是啊！所以必須比在日本打球時更注意外角球的部分。實際上，站在打擊區時，雖然把注意力放在外角球，但內角球也還有辦法應付。但是，若把注意力放在內角，想要打到偏離本壘板外一個球的外角球就非常困難。因此自然會把注意力放在容易被判好球的外角球上，在跟球時會集中在從中間到外側的這一部分。如此一來，專挑外側的球打，球也自然會往左邊方向飛去。因爲外角球要打到右側是很難的。

——所以當初的推打，是爲了適應外側的好球帶比較寬的關係？

一朗　是的。即使是內角球，如果用「in side out」（由內向外拉回式）的打法，也通常會打到左邊方向。但另外還有一個跟好球帶無關的原因。

——是什麼呢？

一朗　爲了迎接開幕戰及接下來漫長的球季，我有個穩定自己打擊能力的步驟。也就是「在自己身體的右側建立一道牆」。這個步驟對打者來說是最重要，也是最辛苦的。這是在春訓時必須確實做好的事情之一，也是我在日本時就一直堅持的。

——所謂的「牆」，到底是怎麼一回事？

一朗 簡單來說，就是將打擊姿勢穩穩地固定下來。左打者的我，在面向投手的身體右半邊，築起一道想像中的牆。如果能穩穩建立起這道看不見的牆面，打擊姿勢就不會搖擺不定，可以把球打到左邊、右邊，甚至是正中間。爲了讓這面牆穩固下來，一開始必須特意把球往中間和左邊方向打。當然一開始就把球往右邊打也並非不可，但這樣一來，身體多多少少會晃動。在春季的時候，我打的球會往中間偏左的地方飛，是因爲我正在築起這道牆。其實在日本時也是這樣的。把這道牆紮實地建立起來後，才能開始把球往右邊拉。因爲如果不經過這樣的步驟，在漫長的球季中，打擊姿勢一定會走樣。

——在面對投手的身體右半邊「築出一道牆」這種想法，是一朗您自創的嗎？

一朗 不管這道牆築在哪裡，打者應該都有這種築牆的感覺。我想打者在穩固打擊姿勢這方面，想法都是一樣的。

——您在春訓「築牆」的過程中，擊出的球都是往中間偏左的方向飛，令不明就裡的總教練很擔心。爲什麼您不去向總教練和教練團解釋呢？

一朗 我一直不太喜歡談自己的事，因爲聽起來像是在找藉口。尤其是「築牆」這個過程其實只有自己能體會，就算說明也不知道到底講不講得清楚。我認爲像這種講出來不知道會被解釋成什麼樣的話，還是用行動來證明比較好。

——建構這種高超技術的過程，的確很難用言語來說明。

一朗　與其用嘴巴講，不如用行動展示給人看，來得有說服力。

——Pinella總教練表達他的憂心後數日，看到一朗開始把球往右邊打，好像說了「今後不必再擔心一朗了吧」之類的話（笑）。開始把球往右邊打，也就表示那一堵「牆」已經完成了吧？

一朗　對，完成了。所以那時才能隨心所欲地往右半邊打。不過，的確讓總教練擔心了（笑）。我想對球隊來說，要的就是成果，自然也希望看到球員展現各種能力。總教練的要求不算過分。事實上，這方面的平衡點很難拿捏。對我來說需要的事，我只想默默去做。然而另一方面，也必須讓指揮球隊的總教練、教練，甚至是隊友們安心，讓他們覺得我「沒問題、辦得到」。最理想的是，拿出實際的成績，讓他們覺得「這個選手就算不用對他多說什麼也沒問題」。

接下來的實戰

——接著終於來到四月二日在西雅圖的Safeco Field的開幕戰。一朗您從季賽一開始就努力扮演好第1棒的角色，不斷擊出安打，帶動球隊的攻勢。

一朗 作爲第1棒打者擔任開路先鋒，對我來說是很重要的課題。先上壘，對對方的投、捕手製造壓力，是取得球賽主導權最有效的手段。

——聽說大聯盟賽前練習的分量之少，跟日本完全不能比，這是眞的嗎？

一朗 的確很少。

——這樣子您會不會不適應？

一朗 我在日本時本來就比較任性，都是照自己的方式在練習。大聯盟是不作守備練習的。賽前是集中注意力的重要時間，我在日本的時候就常常想：「如果可以，眞不想作守備練習呢。」來這邊後從來沒有人叫我做過，正合我意。只是，全隊一起作暖身動作的時間縮短了，自己如果不確實作好暖身，就會增加受傷的可能性。例如前一天是晚上比賽，今天是白天比賽的話，就不會作全隊練習。跑步也不跑、伸展操也不作，只是在打擊籠裡輕輕打幾個球而已，其他的就必須自己來了。像我都是在休息室前的走廊跑步。大部分的球場，打擊籠都是設在裡面（觀眾席下方），我都是在通往那裡的走廊上跑步。

——球季一開始，水手隊就有了好的開始。在這種狀況下，我想身爲第1棒打者的一朗，很早就獲得了大家的信任。

一朗 我自己倒是不知道（是什麼時期獲得大家的信賴），但我想四月這一個月應該沒有得到大家的信賴吧。過去有很多球員只有在早春表現很好，所以水手隊的球員對我的看法很分歧，並不完全是抱著肯定的態度。

——像「眞的沒問題嗎？」這種否定的看法也有嗎？

一朗 如果說球隊中沒有一個人對我感到不安，那是騙人的。

——再怎麼說，一朗您是第一個以野手身分挑戰大聯盟的日本人。周圍的人抱著「這個球員眞的能對球隊作出貢獻嗎？眞的能適應大聯盟的水準嗎？」這種想法也是理所當然的。

一朗 我也這麼覺得。雖然基本上還是要擊出安打、在球場上拿出好的表現，但是想眞正成爲球隊的一員，還是需要一些像尊敬或友情之類的。我想甚至連平常的表情或態度都是很重要的。

——開幕戰過後沒多久，四月六日對上德州遊騎兵的比賽，一朗您擊出了第一支全壘打。賽後訪問中，您說：「我並沒有刻意要揮出全壘打。」在我看來，卻覺得「那絕對是特意打出的全壘打」。

一朗 當然是特意去打的（笑）。我打出的全壘打，差不多百分之百是特意去打的。每當我在練習時刻意要打全壘打，打擊教練 Gerald Perry 都會很生氣（笑）。尤其我在大聯盟裡，體型算是又瘦又小的，他一定覺得我最好不要刻意去追求全壘打比較好。

——總教練或教練會不會給每個球員各自的任務，要求大家忠實地遵守理論？

一朗 我倒是沒有特別接到這種指示。

——第一次打出全壘打時，球隊高層或球員們有什麼反應？

一朗 嗯……大家應該覺得是湊巧的吧。大家鬧成這樣，一定覺得是湊巧的（笑）。

連續安打改變了大家的看法

——在四月裡連續擊出安打，改寫了球隊的新人紀錄。一朗您本身每天都在體驗大聯盟的生活，是不是感覺到觀眾也對連續安打數很狂熱？就像在日本的時候一樣，安打打得越多，大家對你的期望就更高。這樣氣氛會不會讓您感到壓力沉重？

一朗 首先，球場的氣氛不同，還有必須以英文溝通的問題，有的球場甚至是第一次去，當然會覺得緊張。不過，打球打得很愉快，打擊姿勢調整好了，那堵「牆」也築起來了，所以並不會覺得不安。第一次連續安打場數應該是15場吧？那時旁人的反應是：「這個新人打得還不錯嘛！」後來隔了一場，我又連續23場擊出安打。我想這時旁人對我的看法才漸漸有了改變。

——一朗每次一上壘，球隊的攻勢就來了。就算只是內野的滾地球，一朗也能靠腳程跑成安打，上壘後再用跑壘的速度讓對手產生壓力。「第1棒打者擊出安打」成為常勝水手隊的贏球模式。

一朗 就算我打了安打上壘，接下來隊友如果沒辦法把我送回來得分，球隊也無法贏球。打第1棒的我不管打了再多安打，重要的是如何回到本壘得分。這也是我的價值所在。正因爲隊友讓我發揮我的能力，所以我也讓隊友發揮他們的能力。球隊就像是齒輪一般緊密咬合。

——一朗故意作出要盜壘的樣子來向對方的投、捕手施壓，結果眞的讓投手坐立難安呢（笑）。

一朗 當我作勢要盜壘的時候，如果對方反應過度，我也覺得蠻好玩的（笑）。

——打出安打時跑向一壘，或是盜二、三壘的速度，是不是比歐力士隊時代還快了一些？

一朗 我想不太可能比去年的速度還快。歐力士隊時代並沒有刻意跑得慢一點。不過，在日本最後幾個球季，我打的是第3、4棒，而在水手隊是打第1棒，所以會比較將心力放在跑壘上。大家應該都很期待看到我的跑壘，相對地也激勵了我。

——有一個紀錄是從本壘跑到一壘只用了3．6秒。

一朗 這我倒是不清楚。

——和在日本打球的時候比起來，感覺快了很多。

一朗 我想速度看起來變快，應該和我擊球的方式有關。有一大部分是因爲我增加了重心的移動，使得跑壘時可以順暢地跨出第一步的關係。不過這邊的球員好像覺得我還沒打中球就開始往一壘跑了。我是確實揮棒擊中球之後才開始跑壘，人家卻說我「邊跑邊打」。眞的很奇怪。其實不是這樣的。

——的確有好幾次聽到別人說「一朗都是邊跑邊打」這樣的話。不過我想這並不是指一朗「偷吃步」，應該是說一朗革命性的打擊方式跟別人完全不同。大聯盟球員一定也無法理解一朗的打擊方式吧。也就是說，不管在美國還是日本，基本理論上，是將重心放在靠近捕手的這隻腳來打擊。但一朗您則是一開始將重心放在靠近捕手的左腳，在擊中球的瞬間將重心移到右腳。這並不是跑壘動作，但由於一般人不會以這種方式擊球，所以移動重心的動作就被誤以爲是在跑壘了。第1棒打者的使命是上壘，如果可以在擊球的過程中，將重心從左腳移到右腳，就能在一連串的動作中完成起步的動作，這是絕對有利的。

一朗　也許吧。的確是將重心的移動跟跑壘的動作連動在一起。但是也不是沒有其他球員像我這樣作重心移動。只要看看打擊練習就知道了，水手隊的ＤＨ（指定打者）Edgar Martinez就是這樣。因爲他是右打者，理論上作爲軸心的右腳是不可以動的，但他卻動得很厲害。在水手隊的球員中，他的打擊很值得我參考。

——Martinez的每個打席你都很注意看嗎？

一朗　不只是球賽中，練習的時候也是。對我來說，就好像是範本一樣。

——水手隊其他的主砲，像Bret Boone或一壘手John Olerud的打擊風格就跟一朗完全不同。Olerud好像就曾笑說：「絕不讓自己的小孩模仿一朗。」

一朗 要是我的話也會這麼說吧（笑）。

——不過，一朗的打擊姿勢好像對打少棒的小孩有很大的影響。聽說少棒聯盟有許多小孩都在模仿「ICHIRO」。小朋友覺得並不是只有會打全壘打才帥，靠全速跑壘來製造內野安打也很酷。我看過二〇〇一年五月三十日一朗您訪問西雅圖的John Stanford International School這個小學的畫面，小朋友的歡呼聲眞不得了。他們見到心目中的英雄時，臉上所展現出的光輝，即使是身爲日本人的我，看了也很感動。

一朗 我很高興能讓棒球這種運動，以及其中各式各樣的球技，以許多方式得到大家的讚賞。觀賞大聯盟球賽的球迷，期待在各種場面看到精采刺激的球技。沒有比能夠給予這些球迷新的刺激更令人開心的了。因爲我並沒有想過自己的風格能激發出這麼多迴響。我原以爲像我這種球員，大概會被歸爲「身材瘦小卻跑得很快」這種類型的選手吧。我的風格特色能得到認可，而且帶給大家樂趣，眞是太好了。

——打擊狀況眞的很不錯呢。六月十日就成爲兩個聯盟最早達成100支安打的選手（註：實際上，第100支安打那球後來被判定爲對方的失誤，下一場比賽擊出的安打才是第100支安打）。開始有人說：「把在日本連續七年得到打擊王頭銜的一朗稱作新人是不對的。」（笑）這時候一朗您本身是不是已經有了相當程度的自信？

一朗　平常我並沒有去想「自己能在大聯盟留下紀錄」。不過，我確實是以一種極其自然、篤定的心情來出賽。大聯盟的投手非常具有鬥志，面對打者絕不閃躲。就算狀況不佳，也會用氣勢去壓過對方。面對像這樣強力的投手，如果對自己沒有把握，內心只要稍稍感到不安，恐怕就無法打出好的成績。因爲對方用這麼強大的自信心將球投過來，如果這邊沒有紮實的球技、強大的意志力來對抗的話，就打不出安打。

——媒體或球迷都對一朗您的表現感到很激動。您本人不會興奮嗎？

一朗　會興奮啊！但不如看球的人那麼激動吧。

——也就是很平穩地將自己的實力發揮出來吧？

一朗　可以這麼說。

——創造210支安打紀錄的九四年球季，您曾說：「感覺好像誰給了我超越自己實力的力量似的。」跟那時候不同吧。

一朗　跟那時候明顯不同。因爲我無時無刻不感覺到自己的「身體」和「力量」。

即使連續出賽也沒有壓力

——從四月到六月，有二次13連戰，經歷了辛苦的奔波出賽。

一朗 的確是不輕鬆。不過，和日本的球隊移動比起來，其實感覺比較輕鬆自在。在客場的連戰結束後，不管再晚，就算過了十二點，一定會在當晚移動到下個比賽地點去。這對我來說是比較好的。因爲我早上爬不起來，第二天早上再移動對我是一種負擔。而大聯盟是不在第二天早上移動的。還有一個壓力比較小的因素，就是到飯店之前都不用再見到別人。像在日本移動就很累，坐在新幹線上想打個盹，常常被人叫起來要簽名，眞的很累。在美國，就算是坐飛機坐了五個小時，因爲飛機裡都是自己隊上的人，只管睡覺就好了。這個壓力的來源有很大的不同。

——飛機是球隊專用的？

一朗 是啊，是包機。包機也因距離不同分成二種。遠距離時坐大飛機，進入水平飛行後，就可以到後面的經濟艙，一個人占三個位子躺著睡。小飛機的話，整架飛機都是商務艙，雖然不能夠橫躺，不過坐起來比較舒適。像我移動中都是在睡覺。

——也有到過那種有時差、氣候完全不同的地方去比賽吧？

一朗 像到魔鬼魚隊的主場佛羅里達州的坦帕時就很辛苦。坦帕距離西雅圖最遠，加上又有時差，連續好幾晚都沒辦法好好睡覺，每晚只能睡二到三個小時，還要連打3場。比如說，在坦帕的比賽是中午十二點開打，但那時候西雅圖時間是早上九點，這三個小時的時差就很累人。另外堪薩斯市或德州很熱，有時會熱到攝氏40度左右。不過再怎麼待，最長就是四天，還算可以忍耐。

——住在飯店裡，要怎麼維持身體的狀況？

一朗 只要好好吃、好好睡就沒有問題。

——通常在哪裡用餐？

一朗 一般都不在飯店裡吃。我們甚至曾經半夜叫餐廳開門營業呢。多虧了很多人的幫忙。遠征時的民生問題一直都很傷腦筋。

——一朗喜歡吃日本料理吧？像西雅圖或洛杉磯還找得到日本料理店，但是有些地方大概很少吧？

一朗 是啊，不可能像日本那麼方便。因此我也學會了忍耐（笑）。

——在飯店裡睡得好嗎？

一朗 飯店的房間如果不能保持全黑，我就睡不著。有些飯店只有百葉窗，沒有窗簾。有的是有光線照進來，弄得我很煩躁，無法入睡。不過，對於這種狀況我早就有心理準備了。不管如何，整體來說，負擔比在日本時輕得多。

沒想到竟能參加明星賽

——在球季中，傳來您入選明星賽的消息。以前一朗您曾經針對明星賽說過：「參加明星賽連想都不敢想，萬一被選上了，負擔一定很沉重。」實際在明星賽出場那一瞬間，您有切身感到那種「沉重」嗎？

一朗 我是被球迷票選上的，而且得票數還超過三百萬。這其實是一個很沉重的壓力，這意味著「我必須是符合這個得票數身價的球員」。因爲一談論到明星賽，總是會提到我。和被選爲MVP一樣，入選明星賽就意味著自己不是普通球員。我覺得這是一個契機，激勵我不可以滿足現狀，要靠自己的力量使自己的球技更上一層樓。

——比賽開始前，您曾說：「最期待這場球賽的莫過於我了。」但同時您也背負了難以想像的壓力。

一朗 我打從心裡享受這場球賽。至於因爲得到高票所帶來的壓力，只要我當球員一天，就得繼續承受下去。就算是現在也正在承受著，所以的確很沉重呢。

——想請您回顧一下值得紀念的第一打席，與投手Randy Johnson（蘭迪強森）的對決。也就是跟原來的西雅圖水手隊背號51的對決。（註：當時蘭迪強森已從水手隊被交易到亞利桑那響尾蛇隊，原來的背號51被鈴木一朗接收。）

一朗 事實上早有預感，先發投手會從Curt Shilling換成Randy Johnson。原來預定是Curt Shilling先發，但從他們兩個所屬球隊亞利桑那響尾蛇隊（註：二〇〇一年當時，以下同）

的投手輪值來看，我想應該不會讓Shilling先發。當然預想成真的時候，我也覺得：「這下不得了！」（笑）。

——Randy Johnson身高208公分。像這麼高大又可以投出100英里（162公里）快速球的投手，不僅日本沒有，連在美國都很稀少。

一朗 就是啊！像Randy的話，跟其他的投手比起來，會覺得距離特別近。而且他的球被稱爲「crossfire」，是從側邊投過來的，絕對不是好對付的投手。

——一朗您很果斷地打了第2球，結果打出沿著一壘邊線的強襲滾地內野安打。一壘手Todd Helton（科羅拉多洛磯山隊）也展現了精湛的守備。這個球普通是會穿過內野的，要是沒有那個精采的守備，搞不好會變成二壘甚至三壘打。

一朗 現在想起來，唯一一次不在乎球隊勝敗的打擊，就是二〇〇一年的那一天吧！

——觀眾也很享受這種一對一的對決。

一朗 我雖然自己也出賽，但每次環顧四周，都會感覺到這眞的是「明星賽」啊（笑）。

——明星賽對球員來說也是一種慶典吧？

一朗 對啊！不過每個人都是來眞的。雖然不是季賽，但是大家都爲了自尊心而力拚。

——去年引退的Cal Ripken（巴爾的摩金鶯隊）的全壘打，簡直就像電影的畫面。

一朗 眞的！不過，被打的投手朴贊浩（當時洛杉磯道奇隊）當然笑不出來。球員打出安打可能會有笑容，但是被三振的話絕對不會笑。雖然是一個慶典活動，但大家都擔負著自己是明星球員的責任在比賽。

——是啊，整個球場都瀰漫了球員們交鋒的緊張感，彷彿快要擦出火花般。令人印象深刻的還有，球賽中間5局結束，舉辦了表揚Cal Ripken和Tony Gwynn（聖地牙哥教士隊）的儀式。舉辦這種儀式，美國絕對是世界第一。

一朗　我也這麼覺得。那時我已經被換下來了，正在更衣室準備換衣服。結果Ivan Rodriguez（底特律老虎隊）說：「要舉行儀式了，不可以躲在裡面！」大家就往球場裡跑，我也在後面拚命追（笑）。

——弓子夫人在哪裡觀賞明星賽？

弓子　在觀眾席。因爲想說明星賽正好輪到在西雅圖舉行，當然非看不可，所以入場券開始銷售時，我就去買了我和我先生的票。

——一朗和夫人原來只打算以觀眾的身分看球？

一朗　對啊！原本只是想邊吃熱狗，好好享受一下在自己主場的明星賽而已，結果自己竟然也入選，眞有如晴天霹靂呢。現在回想起來，好像電影一樣充滿了驚奇。二〇〇一年的明星賽在西雅圖舉行，我還出賽了。然後對戰的國家聯盟投手從原先預定的Curt Shilling，突然改成原來是水手隊51號的Randy Johnson。感覺自己的周圍好像發生了某些奇異的變化。

達成200支安打紀錄、9月11日，接著是分區冠軍

——明星賽結束後，球季也再度開始。一朗連續4場比賽沒有擊出安打，有人開始在傳：「一朗陷入了低潮。」實際上那時候的狀況如何？

一朗 何謂低潮？那要看低潮的定義如何。如果說打不出安打算低潮的話，那時的確是完全的低潮。不過，有時就算沒有打出安打，打安打的感覺並沒有消失。如果低潮的定義是連打擊的感覺都沒了的話，那麼當時就不能算是低潮。因爲那時我雖然沒打出安打，但打擊的手感從來沒消失過。

——有些打席還是切實有「打得出安打」的感覺？

一朗 對，眼睛都跟得到球。那時雖然有21打席（18打數）沒擊出安打，但實際上其中有12打席是覺得打得出安打的。只不過是節奏稍微偏差了，那12個打席才沒有打好。雖然沒打出安打，但是自己的球感並沒有跑掉，所以並沒感到焦急。

——從來都沒有那種會一直打不出安打的恐懼感嗎？

一朗 從來沒有。只是一直打不出安打，旁人就會給你一些有的沒有的壓力，說你陷入了「低潮」。因此每次進入打擊區，就好像背負著前面所有的打席。有10個打席沒擊出安打，第

11個打席就要承受11個打席的包袱。像這種精神上的壓力，可能會影響到原本具有球感的身體的動作。這些實際上是會慢慢累積的。不管如何，爲了消除這種沉重的氣氛，我的確是希望趕快打出安打。

——七月十七日出戰響尾蛇隊打出安打的那一瞬間，終於鬆了一口氣。

一朗　嗯。與其說是自己鬆了一口氣，倒不如說是緩和了周圍緊張的情緒。

——八月六日擊出第１６２支安打，改寫了水手隊新人最多安打紀錄。二十八日達成兩聯盟最快達到２００支安打紀錄。安打處於量產狀態。對一朗來說，在大聯盟打出的２００支安打，有沒有什麼特別的意義？

一朗　嗯……（想了很久）。２００支這個數字，是很大的目標。在安打的累積上，是一個可設定爲目標的數字。打擊率是會變動的，所以我不把它設定爲自己的目標。不過，對打者來說，２００支是一個障礙。連大聯盟都很在意（２００支）這個目標。

——大聯盟的比賽場次較多，２００支的意義也多少有些不同嗎？

一朗　是不太一樣。例如日本一年只打１３０場、１３５場比賽，２００支就是一個很難達成的數字（一朗本人於一九九四年在１３０場季賽達成２１０支安打的日本紀錄）。比賽場次多的大聯盟，每年多多少少也有幾個球員可以擊出２００支安打，所以意義和日本不能相提並論。說到這個，從二〇〇一年開始，日本的球季改成１４０場比賽，擊出２００支安打的球員今後應該也會增加吧。

——大聯盟的球季開始以後，有想過自己能擊出200支安打嗎？

一朗 我開始會去想，是在只差幾支就可以達成的時候。至於在打出第1支安打的那天，可是作夢也沒想過這個數字。越接近200支安打，就越會把它當作目標去努力。

——越接近200支安打，日本和美國媒體的報導也越來越熱，會不會讓您很在意？

一朗 我是一概不看關於自己的新聞或報導的。我雖然知道周圍的記者們有些動靜，但是日本的媒體尊重我想集中全力在球賽上，並沒有來打擾我。我非常感謝大家能夠給我這樣的環境。

——進入九月，眼看水手隊就要拿到美國聯盟西區冠軍。然而，九月十一日卻發生了九一一恐怖攻擊，大聯盟的球賽全數停止。聽說這是第一次世界大戰以來首度停賽。一朗那時正遠征到安納罕，是怎麼樣的情形呢？

一朗 當天的比賽取消，剩下的2場比賽也取消了。沒有交通工具回西雅圖，只能待在飯店靜觀其變。後來因爲從洛杉磯起飛的飛機停飛，所以決定先坐巴士到沙加緬度。只不過那時也不知道沙加緬度到底有沒有飛機起飛，狀況非常混亂。結果等了幾天，知道洛杉磯已經恢復飛機起降，三天後才從洛杉磯搭機回到西雅圖。

——當時弓子夫人在哪裡？

弓子 那次我剛好也去洛杉磯為球隊加油。

一朗 如果那時沒有在一起，我會很擔心，幸好我們一起在洛杉磯。雖然那時我們距分區冠軍的魔術數字只剩下2，但球隊也有搞不好球季會就此結束的心理準備。在電視上看到世貿中心的影像時的衝擊，我一輩子都忘不了。

——九月十八日，恢復了中斷一週的季賽。全美國的人都還陷入沮喪，大聯盟的球員卻必須出賽了。

一朗 我想，過了一週後重新開始的那場比賽，已經不單只是季賽的其中一場球賽，而是代表「大聯盟又回來了」。我覺得比賽本身甚至已經完全超越了比賽的結果。

——十九日那天，水手隊獲得了睽違四年、隊史上第三次的分區冠軍。全隊球員的球衣縫上了星條旗，得到冠軍之後，球員聚集在Mark McLemore高舉的國旗下默禱。看到那個場面，我深深感覺到大聯盟球員眞是美國國民的支柱。一朗您心裡應該也有許多感觸吧？

一朗 每個人有每個人的任務。那時我也想過：我們到底能做些什麼？棒球選手也算是公眾人物，絕對有這個責任。其實我也不是沒想過，在這種狀況下還打什麼棒球呢！但是當我站在球場上時，我了解到美國人都在期待著這場球賽。正因為在這種狀況下，球賽更應該繼續下去。

——水手隊以116勝這個偉大的成績獲得了分區冠軍。就一朗您自己的分析，為什麼球隊能這麼強、一直贏球呢？

一朗 這是每個球員都發揮自己的實力所獲得的成績。球員的潛力結合在一起發揮出來，再加上球隊在很早的階段就建立了贏球的模式。先發投手只要能夠撐到第5、6局，後面就有穩定的中繼投手及終結者來接手。即使只領先1分，也幾乎可以確保勝利。爲此，每個球員都認眞地思考，努力完成自己的任務。像我的任務就是上壘、回來得分。我想我們做的事，其實是很單純的。

——我也感覺到水手隊的精神力量很堅強。

一朗 由於一直贏球，醞釀出一種不准輸球的氣氛，和一種絕不放棄的精神。所以才能擁有那麼強的韌性。如果有人失去鬥志，打算放棄，也會馬上被周圍的人看出來。水手隊就是如此頑強不屈的團體。

——那種強勢眞令人驚奇。

一朗 是啊！贏了116場，只輸46場，眞的很強（笑）。

——水手隊擁有跟以前Ken Griffey、Alex Rodriguez還在時不同的優勢。盡量在壘上累積跑者，想辦法將他們送回本壘，像這種不倚賴全壘打打者的棒球，也很令人興奮。

一朗 我們有很多球員都可以扮演多重角色。像McLemore可以臨時去守左外野，而且有精彩的表現。打擊順序沒變動的也只有我而已。不論打擊順序或守備位置怎麼改變，所有的人都可以完成當時被賦予的任務，大家也的確擁有這樣的實力。一般打擊順序不固定的話，球員會有怨言，或被打亂節奏，但是他們卻只是默默地完成自己的任務。

——下場的球員或打擊順序是怎麼決定的？

一朗 在更衣室會貼出當天的打擊順序和守備位置，看了就知道了。

——Pinella總教練會考量球員的狀況和對手來決定吧？

一朗 是的。總教練的調度往往會激勵球員努力達成目標。我們都很能體會總教練的心意是「球場上的事全部交給球員去發揮」。

——Pinella總教練以前被稱為「瞬間熱水器」，好像是個很容易生氣的人（笑）。

一朗 現在說不定是靠嚼口香糖在忍耐（笑）。我在休息室倒是從來沒有直接被吼過，不過我覺得我每次進到打擊區時，他一定在說些什麼。

——他是一個不容妥協的人吧？

一朗 眞的！球季結束後回想起來，有場比賽我已經打了2支安打，但他絕不認爲第3打席不打出安打也無所謂。也絕對沒有上個打席已經有打點了，那下個打席隨便打也無所謂的事。水手隊是不允許這種妥協的。

——在沒有妥協之中，一朗您創造了許多紀錄。九月二十九日擊出第234支安打，刷新大聯盟新人最多安打的紀錄。改寫了睽違九十年，傳說中的「"Shoeless" Joe Jackson」（赤腳喬）的紀錄。

一朗 以前就聽過新人最多安打的數字，當然有留在腦海裡。雖然壓力也隨之而來，但我很高興自己可以打破這個紀錄，心情也很暢快。

——不過大聯盟眞的是歷史悠久，一朗您打破的這個紀錄，竟然是九十年前傳說中的「赤腳喬」所締造的。

一朗 大聯盟的球迷對過去的球員和紀錄眞的很了解，非常注重歷史。雖然我完全不清楚，但我知道，傳統正是大聯盟重要的元素之一。

成為打擊王、盜壘王

——十月七日季賽結束的那一刻，您光榮地成爲打擊王、盜壘王。在大聯盟締造0．350打擊率、56次盜壘成功這樣輝煌的成績。首先想請教您對於成爲打擊王的感想？

一朗 球季中途，當打擊率進入前3名的時候，我曾經客觀地想：「會是誰奪得打擊王呢？」那時不僅沒有想過會是自己，反而一直在想：「我的名字不知道什麼時候會從名單上消失？」不過，隨著比賽的進行，我的成績雖然沒有特別提升，可是其他球員的成績卻有點下滑。即使如此，我也沒有想去爭取打擊王這個頭銜。自己也不知道爲什麼。也許是因爲我覺得，在這些球員之中，自己絕不可能勝出吧。再加上球季尾聲，奧克蘭運動家隊的Jason Giambi（現紐約洋基隊）一直緊追在後。我只覺得：「大聯盟眞是有一堆厲害的傢伙啊。」所以自己對這個獎的執著，或者說「想奪得打擊王」的欲望也就一直沒有湧現。以過去的經驗來說，想爭取什麼頭銜的意識越是強烈，反而因此使得自己的身體不聽使喚，以致於讓機會溜走。可能正因爲如此，我養成了不要去多想的習性（打消想去爭什麼的念頭）。

——在無意識中把這種想法趕出自己的腦海了。

一朗 也許是吧！也或者是自己眞的沒有去意識到這件事吧！即使現在也還是搞不懂呢。不管怎樣，沒有「想爭取打擊王」這個念頭反而是件好事。即使在球賽只剩下5場的時候，如果想到要去爭取這個頭銜的話，我想接下來一定都打不出安打。

——一旦開始算起打擊率，就會開始注意其他競爭對手。搞不好心裡會一直詛咒對方打不出安打（笑）。

一朗 是啊是啊！只要一開始有爭取的欲望，就會非常在意別人。期待別人犯錯這種事，是我最討厭的了。

——那麼是什麼時候開始，覺得自己能拿到這個獎項呢？

一朗 大概是最後剩下1、2場比賽的時候。

——眞的成爲打擊王的那個瞬間呢？

一朗　當然是很高興了。

——經過了這麼漫長的球季，還成爲打擊王。對一朗來說，應該獲得了很大的自信。

一朗　一直到最後，我都沒有失去「想進入打擊區」的想法。我覺得這個想法是今後支撐我的力量。不論Giambi打了多少安打，我都沒有逃避的念頭。對自己今後的棒球人生，（這種想法）會很有益處。

——那盜壘方面呢？比過去最高紀錄49次（一九九五年）又向上提升了；雖然這也因爲比賽場數不同，不能單純跟在日本時比較。球季前，一朗您曾說：「想盡可能盜壘。」因此這項紀錄是您所設定的目標吧。

一朗　當然。大聯盟的盜壘和日本的規則不太一樣。例如雙方比分已經拉開，勝負已定，或是一壘手沒有爲了牽制跑者而釘在一壘時，就算盜壘成功也不列入紀錄。我聽說時也嚇了一跳，我以前並不知道是這樣的。在大聯盟，像這種爲了紀錄而作出來的成績是不算數的。所以56這個數字並不包含這類「充數」的盜壘。這樣可以避免無謂的數字遊戲，我非常認同。連犧牲觸擊也有類似的規定。

——觸擊也有？

一朗　是啊！像1出局二壘有人時，用短打將跑者送上三壘，是不列入犧牲觸擊紀錄的。在日本，像這樣的狀況會因爲犧牲觸擊不計算打數，所以打擊率不會下降。但這邊是當作沒有擊出安打，打數增加，打擊率也就下降。所以這邊沒有人會爲了維持打擊率去作無謂的犧牲觸擊。當然，狀況不同，紀錄員也會作不同的判斷。像二壘跑者是投手，或者打者是投手的時候，也許就會被記爲犧牲觸擊。我倒是沒有問得那麼詳細。

——大聯盟竟然有連一朗都不知道的規定！

一朗 我以前不知道，眞是嚇了一大跳。規則眞的不一樣。

——那後來是怎麼知道的？

一朗 春訓時剛好碰到這樣的狀況。1出局二壘有人，我打出短打，在一壘前出局，跑者上三壘，但是並沒被記成犧牲觸擊。我去問爲什麼，人家才告訴我的。

——現在一朗說的是正式規則方面。除此之外，大聯盟好像有一些類似君子協定的行規。像是一面倒的球賽，不能在3壞球沒有好球的時候揮棒，或是打了全壘打不能擺出太耀武揚威的姿態之類的。像上個球季，紐約大都會的新庄剛志（現舊金山巨人隊）在開幕戰打了全壘打，回到本壘時用手觸本壘板，引起對方球員不滿。還有五月時，在3壞球沒有好球的情況下揮棒，結果第二天比賽，不知道是不是對方故意制裁，馬上就被投了觸身球。

一朗 原來有這麼一段啊！在日本這種事根本沒什麼，說起來眞有點可憐。

——說到這個，一朗您的紀錄也曾被塗改過。原來是內野安打，過了幾個月卻被改記爲對方野手的失誤。

一朗　有啊！我發現安打少了1支時也很震驚。而且還是過了幾個月後看到報紙時發覺，咦！安打怎麼少了1支？眞的是嚇了一跳。不過相反的，本來判定是失誤，過了幾局又改判爲安打的例子也是常有的。

季後賽

——獲得分區冠軍的喜悅維持沒多久，季後賽就開始了。可是球隊的狀況好像不太好？

一朗　分區冠軍就像是一個句點，中斷了整個氣勢。

——會不會是太在意季後賽結果的關係？

一朗　當然有影響。5場（分區系列賽）比賽定江山這種壓力是很大的。

——打進世界大賽的目標也造成了沉重的壓力。

一朗　我想，季賽時已經贏了那麼多場的壓力也有關係吧！不過球隊並沒有因此就失去團結的力量，大家都知道必須拚盡全力。

——一朗您在分區系列賽對克里夫蘭印地安人隊時的打擊率高達6成以上！

一朗　我是在非常冷靜地狀態下比賽。

——一朗您的冷靜是怎麼來的？還造就那麼高的打擊率。

一朗 心裡其實很緊張，而且不是普通的緊張。不過我在日本的七年當中，也給了自己各式各樣的壓力。即使不想給自己壓力，外界還是會給你（壓力）。但我有自信能夠擊敗各種壓力。這個經驗非常重要。不管眼前是什麼狀況、發生什麼事，整個球季我都沒有過慌張不知所措的狀況。

——完全沒受到影響嗎？

一朗 是的，我想大多數是不受影響的。

——印地安人隊前面雖然領先，水手隊後來還是以3勝2敗的成績反敗為勝，贏得了分區系列賽。接下來在聯盟冠軍系列賽以1勝4負敗給了洋基隊。在聯盟冠軍系列賽結束後，一朗您曾說：「與其說洋基隊很強，不如說洋基隊是一個能讓對手感到不安、認為跟他們比賽，什麼狀況都可能發生的球隊。」這到底是怎麼回事呢？

一朗 我在球季中就感覺到了。不管我們與洋基隊的對戰成績多好，跟他們比賽就是有一種特別的壓迫感，有一種異樣的氣氛。

——是什麼呢？

一朗 我也不知道。

——洋基隊所帶來的壓迫感，在對上別隊時也感覺得到嗎？

一朗 沒有！只能說很特別。

——雖然只差一步就可以打進世界大賽，回顧整個季後賽，有什麼感想呢？

一朗 才不是「只差一步」呢！還差得遠呢！現在想起來，連續四年打進世界大賽的洋基隊眞的很厲害。

大聯盟這些厲害的投手們

——想請教到目前爲止關於對戰投手的事。一九九八年的美日職棒對抗賽以來，您再度碰上了波士頓紅襪隊的投手Pedro Martinez（現紐約大都會隊）。我認爲他就是所謂大聯盟級的投手。久違之後再次對戰，感覺如何？

一朗 碰到的機會還太少，我也難以判斷，不過他的球種又增加了。不但球種增加了，他原來就擁有的能力也越來越強。不管如何，我認爲他具備作爲一個投手所應有的所有能力。一個偉大的投手應該擁有、而且想像得出來的能力，他都兼備。再加上他非常聰明，會根據對手來作調整。通常改變自己平常的步調，很容易擾亂本來的投球，他卻可以輕易地辦到。

——根據每個打者的習性和對方的弱點來作調整嗎？

一朗 是的。他並不會以某種固定的風格來投球，而是解讀對方的心理，自由自在地控制自己的投球方式。

——也就是鬥智型的投手。

一朗 是的。

——Martinez也曾在對上水手隊的球賽後，心有不甘地說：「就是沒辦法三振一朗。」

一朗 如果我能夠讓那樣的投手認眞起來的話，眞是太高興了！

——接下來談談Roger Clemens（現休士頓太空人隊），他是洋基隊的王牌投手，還得過六次賽揚獎，就像是大聯盟的招牌人物。

一朗 我覺得他跟Pedro不同，而是那種不管對手是誰，一股腦就把球投過來的剽悍投手。不會因對手是誰就有所改變、不管怎樣都會貫徹自己的風格。實際上每個球都很棒，都充滿了氣魄，是不容易對付的投手。

——他今年已經四十歲了，不只過著禁慾的生活，還能輕鬆地進行嚴苛的訓練，看起來完全超越了年齡的障礙。

一朗 的確如此。在大聯盟活躍的球員當中，有很多都已年過三十五。很多都是第一流的投手，像Clemens、Randy Johnson、Greg Maddux（當時亞特蘭大勇士隊，現芝加哥小熊隊）。

——和這些球員比賽，一朗您有沒有想過十年後的自己是怎麼樣的呢？

一朗 還沒有耶！我覺得沒有實際到達這個年齡不知道。自己三十八歲的時候，身體狀況不知道會變成什麼樣呢？這倒是個有趣的問題。

——接下來是能夠投出時速100英里（160公里）快速球的安納罕天使隊投手Troy Percival（現底特律老虎隊），您對Percival的快速球印象如何？

一朗 可以說是犀利吧！我覺得不太像是一般大聯盟投手的球路。球旋轉得很厲害、尾勁很強，很犀利的直球。有很多投手投得出95、96英里的速球，但很少投手像他一樣，投出的球可以旋轉得這麼漂亮。是很厲害的球。

——底特律老虎隊的投手Steve Sparks在對上一朗時，17球中投了13球蝴蝶球（彈指球），那種蝴蝶球應該很難打吧？

一朗 眞的很會變化，幾乎是搖搖晃晃的。每次打不好都很不甘心，好像被人當傻瓜一樣，會被弄得很煩躁。越煩躁就越打不到，接下來休息區就有東西要遭殃了（笑）。

——他好像只有對上一朗您的時候會改變投球姿勢？

一朗 啊！的確如此。我想每個打席，他都會想出一些怪招吧！

——第一次觸身球，是當時還在波士頓紅襪隊的野茂英雄投的。

一朗 那時被打到背後，痛得不能呼吸。不過，野茂英雄的無安打比賽（四月四日對金鶯隊）實在太棒了。

——一朗您在打擊方面令人吃驚的不只有打擊率。值得一提的就是很少被三振。上個球季只有53次，是Alex Rodriguez的3分之1。快進入球季前您曾說：「要把好球帶邊緣的球打成界外球，專心等自己想打的球。」被三振的次數少，應該就是這個原因吧？

一朗 可以這麼說，不過我想相反的情形也有。對於那些分不出是好球還是壞球的，能夠不揮棒落空也是原因之一。在53個三振中，有許多是本來不應該出棒的，卻因爲反應過度出手去打而沒打中。不過，整體來看，將這些球打出界外，的確是導致三振次數少的原因。

——原來如此！原來還有可能更少啊！不管怎樣，想在大聯盟生存，這種將打不出安打的球碰出界外的技巧也很重要。

一朗 是的，環境改變，就必須想辦法適應環境。

——三振當然是越少越好！

一朗 當然。因爲這是降低風險的方法。不過，我覺得三振多的人也很厲害，都已經2好球了，還可以不顧一切用力揮棒，這是沒有自信的人做不到的。

——接下來想談談捕手方面。Ivan Rodriguez（當時德州遊騎兵隊，現底特律老虎隊）這個大聯盟最頂尖的捕手，曾經成功阻殺一朗您的盜壘。他臂力之強以及傳球之快速，是您過去從沒碰過的吧。

一朗 沒有，絕對沒有。像那樣的敏捷性和正確性，就算在大聯盟也是絕無僅有。

——第一次對戰時，被刺殺了2次。

一朗 我當時是有自信可以盜壘成功的，卻贏不了Ivan的臂力。尤其是第2次出局，特別受到打擊。

——二〇〇二年球季想不想雪恥？

一朗 當然！不只是我，腳程快的球員都把在他手下盜壘成功當作目標。

——說到跑壘，八月時洋基球場曾在一、二壘的跑壘線上灑水。有人就傳說那是用來對付一朗的，讓您在跑向二壘時不能滑壘。實際上一朗您是怎麼覺得的？

一朗 如果這件事是眞的，那一次並沒有發揮作用。那天第4局我有上壘，雖然在二壘前出局，但我是刻意不滑壘的。由於當時的狀況是打跑戰術，打者卻沒打到球，跑者幾乎百分之百會出局。我那時還沒跑到二壘，捕手傳的球就已經到達野手的手套裡了，如果就這樣滑壘進去，簡直是送死。所以我就賭了一下，在二壘前面停下來，看有沒有什麼縫隙，也許對方會自己發生失誤，因此我才停了下來。不是我不能滑壘，而是我沒有滑壘，跟灑水與否沒有關係。

——至於跑壘方面，隊友擊出外野高飛球時，是要跑到壘與壘中間的地方，還是留在壘上準備起跑，關於這點，在球季開始前，您說過要跟總教練和教練好好取得共識。像這種確認事項是在開會時決定的嗎？

一朗 沒有。

——那還是靠自己的判斷囉？

一朗 是的。因爲這兩種方式都沒有什麼不可以。

以守備博得喝采

——接下來談談守備的部分。球季前您曾說：「守備應該能博得球迷的喝采。」後來的確也是這樣。不管是攔截原來可能形成全壘打的球，或是從右外野長傳回內野，都讓球迷看得目不轉睛。

一朗 我沒想到大家會這麼驚訝。大家對我的守備能力評價這麼高，實在是大出我的意料之外。

——四月十一日出戰運動家隊。8局下半，1出局跑者在一壘，普通這時只要擊出右外野一壘安打，就會造成一、三壘有人的情況。可是一朗您一接到球，就毫不遲疑地將球像箭一般傳向三壘。隨著電視轉播員驚叫：「A laser beam strike from Ichiro!」（一朗的長傳像雷射光束一樣！）跑者也在三壘前出局。從此以後，對手將球打到右外野方向時，就不太敢貿然往前推進了。一朗您的守備和臂力已經產生「遏止力」了。

一朗 能夠讓跑者裹足不前，是防守球員最大的優勢。利用傳球來造成對方跑者出局，當然是很有價值的事。因爲對方若是頻頻進壘，就代表瞧不起守方的臂力（傳球能力）。

——日本的比賽用球和美國的觸感相當不同，傳球的時候，手指和球之間的摩擦力怎麼樣？

一朗 完全不同。大概是因爲製球用的材料和製法不同的緣故吧。我覺得日本的比賽用球比較順手，美國的就很不習慣。

——傳出那個被稱爲「雷射光束」的球時，手指和球有緊密扣合的感覺嗎？

一朗 是的，那個傳球算是手和球緊密握合的感覺最佳的例子。

——有時候也會有手指沒扣好，好像滑出去的感覺嗎？

一朗 比賽中的球多多少少經過手碰觸，所以比較不會。若是全新的球就完全扣不住，很乾燥、滑溜溜的。皮革的質感完全不一樣，縫法也有點粗糙。日本的球比較黏，就算是全新的也跟手指很合。

——不過轉播員的「雷射光束」還眞是名句。Pinella總教練的評語也很俏皮：「You could have hung a lot of laundry on it.」因爲傳球又快又直，像畫出了一條線，「可以在上面晾很多衣服」（笑）！

一朗 能在一瞬間說出這種評語，眞是厲害。

——守右外野時，也曾經將全壘打攔截下來。大聯盟的球場，是否很適合這種充滿拚勁的守備？

一朗 確實是可以無後顧之憂。全壘打牆的緩衝很好，高度也剛剛好。那種高度正好可以讓人展現精彩的守備。

——跟日本不同的是，和球迷的距離很近。關於這點是不是已經習慣了？

一朗 球只要飛到邊界，球迷一定會探身來搶。大家的心情我也了解，但這也是我大展身手的時候，總不能讓球迷代勞（笑）！球迷距離很近這點倒是早就習慣了。

——接著是五月二十九日，您很漂亮地以滑行的方式接住右外野的小飛球，結束那場比賽。幾乎都快滑到二壘壘包附近了。那時一朗您作出興奮的肢體動作，眞令人印象深刻。

一朗 那（興奮的肢體動作）並不是因爲成功地滑著接到球，而是因爲可以就此結束比賽，在不知不覺中作出來的。9局下半，2出局跑者在二壘，雙方只差1分，又是佐佐木主浩在投球。如果那時對方擊出安打的話，可能就要打延長賽，甚至會被逆轉，所以再怎麼樣都想把那個球接住，結束掉比賽。那個動作是表示「啊！比賽就此結束了！」

Bret Boone 與御飯糰

——也想問問比賽以外的事情。跟隊友之間的互動如何？

一朗 大家都很友善，和隊友相處愉快。不過我私底下很少跟大家一起出去玩，因爲平時大家相處的時間實在太長了。水手隊的氣氛對我幫助很大。

——比賽前，您曾在球員休息區模仿某個人的動作吧？

一朗 啊！有。模仿Boone的打擊。

——球季中間，休息室設了一個一朗專用的「球棒架」。是用紙箱做的，上面還寫了名字。

一朗 那是MacLaren教練突然弄出來的。大家都是把球棒放在板凳的後面，也就是板凳的背面。我很不喜歡這個樣子，所以習慣將比賽用的球棒放一支在板凳上面。但是隊友常會把球棒碰倒，每次守備回來時，球棒總是倒下來。MacLaren教練看到了，就幫我做了這個架子。

——誰最常教一朗英文？不管是好的英文，還是壞的英文（笑）。

一朗 如果是英文，大概是Jay Buhner、Mike Cameron、Ryan Franklin吧。西班牙文的話，就是Edgar（Martinez）、Stan Javier、Carlos Guillen。

——Pinella總教練好像也會說西班牙話？

一朗 沒有啦！他對那些從西班牙語區來的球員，像Edgar或Freddy Garcia等人說西班牙文，只是爲了拉近彼此之間的距離。大聯盟裡會說西班牙文的球員非常多。像美國聯盟西區對手球隊的捕手，全都是講西班牙文的。奧克蘭（運動家隊）的Fernandez、安納罕（天使隊）的Molina，還有德州（遊騎兵隊）的Ivan Rodriguez。我大概都是看長相和名字來判斷對方是講英文還是講西班牙文的。不過有時看到長相心想：「這人大概是講西班牙文的」，結果卻猜錯了。像多倫多（藍鳥隊）的二壘手Homer Bush，他剛好跟我用同一個經紀人（Tony Attanasio），有一次他還跟經紀人說：「一朗竟然跟我講西班牙文，嚇我一跳！」

——語文的進步程度如何？

一朗 完全不行。

弓子 也沒那麼差啦！還挺能講的。因爲他很積極地用英文和西班文跟別人交談，所以學得很快。

一朗 我不太喜歡的是，當我和隊友在一起時，電視攝影機和麥克風伸到自己面前。我當然希望能侃侃而談，就算講錯也不要緊，但一想到我講的話會被麥克風收音，就講不出來了。

——我看到西雅圖的報紙寫說，弓子夫人爲Boone做御飯糰的事是眞的嗎？

弓子 是眞的。

——爲什麼他會想吃御飯糰呢？是不是看到一朗在吃所以他也想吃？

一朗 一開始是在春訓的時候，我每天都帶御飯糰去。Boone問我那是什麼東西，我向他說明後，他就拜託我說：「明天也做來給我吃。」所以我第二天就帶了給他。他吃得津津有味，那天的比賽還打了全壘打。大概覺得是好運兆吧，結果變成「以後每天都做給我吃」（笑）。

——都幫他準備幾個呢？

弓子 二個。包給他的御飯糰上面還特地寫上字母「B」。

——一朗每天帶去球場嗎？

一朗 是啊！放在袋子裡。

——御飯糰裡面包的是什麼？

一朗 酸梅干。

弓子 有一次他說希望換個口味，我就放了柴魚。

一朗 好像柴魚口味他也蠻喜歡的。

弓子 不過後來又說酸梅的比較好，所以整個二〇〇一球季都是做酸梅口味的給他。有一次我隨球隊遠征到聖地牙哥，第一次見到Boone，他還當面向我道謝。每次見到他太太，她也會謝謝我，所以只好一直捏下去了（笑）。

——一朗您不打棒球時有什麼興趣？

一朗 跟棒球也脫不了什麼關係，我在收集大聯盟球員的簽名球。

弓子 他差不多每天都會很高興的帶大聯盟球員的簽名球回來。他帶回來的球都是我負責擺飾的，球已經多到快沒地方擺了，我還在想說再增加下去怎麼辦呢。他根本不管，還一直帶回來。不過他那時的表情實在很開心，就好像回到了少年時代，還一個個拿著說明給我聽。

——下次也讓我看看您的收藏。話說回來，美國的生活馬上要邁入第二年了，現在會不會常想起日本？

一朗 無時不刻都在想啊。住在這裡會覺得「日本眞的很厲害」，不論什麼事都設想得很周到、很方便。美國是很大而化之、很隨便的（笑）。不過好像每個美國人去日本，都會被日本的細膩嚇到。

——一朗您確定轉隊到西雅圖水手隊的時候曾說過：「要用心享受大聯盟的棒球。」我想您也全心全力地做到了。有沒有想過未來的事情？

一朗 我以一個球員的身分努力打球，充分享受棒球的樂趣。然後我也了解，這個樂趣是要與看球的人一起分享的。棒球的傳統，是藉由觀眾到球場觀戰，而一點一點傳承下來的。每當我看到一起來球場看球的父子檔、祖孫檔，我都會和球迷有一種共鳴。我想，在日本透過衛星轉播看球的球迷一定也是如此。我希望每天都能感受到這種共鳴。現在的我只想努力投入於球賽之中，不想失去那種樂趣。

——在背後支持一朗、與他並肩作戰的弓子夫人呢？今後二位還要繼續在美國生活下去。

弓子 當然也有不習慣的地方，也有一段時間很辛苦。但是看到他能夠全力去做他想做的事，就是我最大的喜悅。所以我也很感謝他。他爲了挑戰大聯盟，背負了許多人的期待，我想壓力一定也很大。我希望，未來他能始終抱著自己可以做眞正想做的事的那分喜悅，然後，我能一直看到這樣的一朗在我面前。關於這個部分，我眞的非常感激。因爲他的挑戰，我才能感到如此的幸福。

——一朗您有了這麼棒的人生伴侶，實在是太幸福了。

一朗 正是如此（笑）。

——接下來，第二年的球季又要開始了。

一朗 是啊！第一年就在想著要如何挑戰這麼長的球季、要怎麼對付大聯盟的投手之間過去了。新球季因爲也有了經驗，我想應該可以定下心去挑戰。我告訴自己：要持續肩負MVP的責任，毫不畏懼地面對對手，以更進一步提升自己的能力。雖不知道可以做到什麼程度，但我確信，只要盡了全力，一定可以更享受球賽的樂趣。

ICHIRO ON ICHIRO

Interview Special Edition 第二部

第二部是依據二〇〇一年四月
刊登於新潮社所發行《イチロー・インタビュー》（一朗訪談記）
的內容加以改寫、修正。
此外，訪談是一九九九～二〇〇〇年於日本、
二〇〇一年春季於美國亞利桑那州及西雅圖市，
分數次進行，時間共計約三十六小時。

序

一九九四年九月時的興奮，我怎麼樣也忘不了。

背號51號，鈴木一朗。

歐力士藍浪隊的頂尖打者，突然出現的二十歲青年，正向著日本職業棒球界前所未有的200支安打紀錄前進。

當時表情仍未脫少年稚氣的一朗，在這個球季剛開始沒多久，說了以下的話，讓周圍的人大吃一驚。

「目標是最後一場季賽前擊出200支安打。」

在記者們的驚訝聲中，他說他完全沒有意識到這個數字所代表的意義。

後來一朗回想起當時的情景：

「球季開始後大概過了一個月左右，我數了數還剩下的比賽場數，算出來的結果是：

『打200支安打應該沒問題吧。』這個如意算盤就是每3場比賽要打出5支安打。如果可以實踐，我想一定可以達成200支安打。」

一九九四年十月九日，這個紀錄被達成。一朗用下面這句話來表達當時的心情：

「我自己雖然是忘我地打球，但老覺得在冥冥之中，有一股神奇的力量在幫助我。」

不只是歐力士主場的神戶球迷，所有的棒球迷，都因爲一朗的200支安打而沸騰，爲其傑出的才能而高興。

球季結束時，安打數甚至增加到210支。

終於，去年以前還來回在一軍、二軍的新人，一下子變成日本職棒界的代表性人物。

自從樹立了球季最多安打的新紀錄後，一朗不負人們的期待，不斷累積了光輝的成績。

太平洋聯盟的打擊王從一九九四年開始，就成爲一朗專屬的頭銜。

一九九四年	3成85
一九九五年	3成42
一九九六年	3成56
一九九七年	3成45
一九九八年	3成58

一九九九年　3成43
二〇〇〇年　3成87

然而，已集棒球界的榮耀於一身的一朗，從那令人印象深刻的一九九四年的活躍以來，幾乎無時無刻不得安寧，一直在痛苦地掙扎。

我聽到這個難以置信的衝擊性事實，是在九九年五月第一次訪問他的時候。

「這四年來，我覺得我連自己實力的一半都沒發揮出來。雖然獲得了打擊王，那也是在痛苦掙扎中奮力拚戰而來的結果。由於實在是太苦了，有好幾次都差點崩潰。現在總算在黑暗中看見曙光，終於能達到自己理想中的狀態。」

每天責備自己連一半實力都沒發揮出來、失去奮戰下去的意義的瞬間、不得不追求數字（打擊率）的苦悶……。他會將這些心情一吐爲快，一定是他所追求的目標已經有了具體的型態之時。

身處接受訪談的小房間，一朗的目光一直注視著遠方。訪談結束後，他對著把筆記本闔上的我，低聲地說：

「可以打我最喜愛的棒球，再也沒有比這個更幸福的事了。但是我想，自己所追求的棒球目標該往哪個方向去？現在最重要的是把件事情弄清楚。」

一朗所追求的棒球目標要往哪裡去、要設定在哪裡？

我想探究這個問題。

二〇〇〇年三月發行、由一朗自己擔任總編輯的雜誌《IMPACT!》當中，在一次很長很長的訪談裡，他毫無保留地告訴了我他自己對棒球的熱愛。

三歲的時候，父親鈴木宣之先生送他的紅色手套的觸感、小學時代跟父親一天都不曾間斷的二人訓練、在愛工大名電高棒球隊的生活，以及對於中村豪監督的仰慕之心、向進入歐力士隊第三年所遇到的仰木彬監督展現鬥志，並感謝他的賞識、對歐力士隊及神戶這個城市的熱愛、與球迷打成一片時的喜悅、與媒體之間的摩擦、對大聯盟的嚮往、即使苦於孤獨與絕望，還是不斷追求打擊的極致……。

隨著訪問的進行，我領悟到一朗這個球員所追求的最終目標，並不在日本國內。

如果將棒球比喻爲山脈，那麼所謂的巔峰就一定是ＭＬＢ了。

這個瞬間，我全身感受到令人顫抖的興奮，已經完全足以打消日本即將失去這個球員的焦慮。

一朗實現了轉隊到大聯盟、加入水手隊的時候，我再次向他提出了訪問的要求。

在球季開始在即之際，他不但答應了我的要求，還盡量撥出時間暢談關於他如何鼓起勇氣接受新的挑戰，以及用他獨特的感性所理解到的大聯盟棒球。

不論是在亞利桑那州的皮奧利亞，還是在西雅圖的家中，一朗的表情開朗，聲音沉著。不論我問了什麼問題，他都沒有迴避。

我覺得一朗已經破繭而出，就像是初萌發的新芽般，兼具清新的氣息及力量。

「來吧，開始吧。現在的我無所隱瞞。」

成爲西雅圖水手隊球員的ＩＣＨＩＲＯ所說的話，兼具了冷靜的分析能力，和如同本能一般對於棒球的那種奔放的熱愛。

想確實打好內角球

在日本時就已留意到大聯盟的好球帶

——於日本連續七年獲得打擊王的一朗球員在大聯盟打球這件事，對於今後的日本職棒具有很大的意義。自從一九九五年野茂英雄以投手的身分挑戰大聯盟，且獲得不錯的成績以來，確立了日本投手在大聯盟球賽中活躍的地位。但是提到野手方面，日本球員到底適不適應大聯盟就還是未知數。在這個狀況下，一朗您自己決定要挑戰大聯盟，也實現了轉隊的願望。以二〇〇一年爲分水嶺，今後對日本職棒界的野手來說，大聯盟說不定已不再遙不可及，因爲一朗您的表現將成爲一個指標。當您開始意識到要去大聯盟的時候，還有確定加入西雅圖水手隊的時候，關於身爲第一個挑戰大聯盟的野手，您是怎麼想的？畢竟和投手不同，完全沒有過先例。

一朗 我本身覺得這樣很有趣，倒是沒有想太多。不過，我的確想過既然要去就要做第一個。

——第一個有資格挑戰的就是一朗了，這是日本球迷的共識。結果沒想到新庄剛志也加入了紐約大都會隊。

一朗 是啊！眞沒想到！

——登錄的名字跟日本一樣，是「イチロー」（ＩＣＨＩＲＯ），不過，當然是用英文字母，不是用片假名。

一朗 因爲不知道水手隊的想法如何，所以特地確認了一下，我是希望能保留「ＩＣＨＩＲＯ」，球隊也答應了。的確，現在又回頭來使用「鈴木」是有點奇怪。

——覺得打棒球的自己是「ＩＣＨＩＲＯ」吧。

一朗 是啊！再說，也有很多人沒辦法把「鈴木」和「ＩＣＨＩＲＯ」這兩個名字聯想成同一個人。既然大家是以「ＩＣＨＩＲＯ」這個名字認識我的，我想現在也沒有再改變的必要。

——前幾天，我和一個美國記者聊過。他說：「『ＩＣＨＩＲＯ』這個字的發音有些困難。」常會變成「ＩＣＨＩＯ」。他也說：「經過練習，最近總算能正確地發音了。」

一朗 這樣啊。對日本人來說，「ＩＣＨＩＲＯ」這個名字既好記又好念。兩個國家的發音果然很不一樣。

——話說回來，在大聯盟打球，一朗您最注意的是什麼地方？

一朗 首先，應該是好球帶的不同。

——實際上差距眞的很大嗎？

一朗 相當不一樣。日本的好球帶比較偏內角，美國比較偏外角。大聯盟的好球帶，外角大概比日本寬一～一．五個球。其實從九六年年底開始，我每天練球時就特別留意這個問題。打擊練習時，我都會問接捕的球員：「這個球怎麼樣？在美國算不算好球？」那個捕手非常喜歡大聯盟，常常看電視轉播的球賽，因此對好球帶的寬窄很了解。

——在球賽中會不會去實踐這個好球帶？有沒有刻意去打偏外角的球的經驗？

一朗 我是到九九年或二〇〇〇年球季，才有餘力這麼做。因爲打擊率安定下來，精神上也比較輕鬆了。比賽中有時會刻意去打偏向外角的球，但次數不多就是了。

——您指的是外角的壞球吧？

一朗 是的。

——打到壞球是什麼感覺？結果又是如何？

一朗 大多會形成界外球。因爲在每天的比賽中，不可能完全放棄內角球。所以不僅要將注意力放在內角，還要去打在大聯盟是好球、在日本是壞球的外角球，可不是簡單的事。

——也就是好球帶比別人的大了一倍左右！

一朗 因爲自己將好球帶設定得比較大，對於裁判的判決自然也寬容許多。

——所以明明是壞球卻被判爲好球時，比較不會生氣。

一朗 就是啊！比賽中，外角壞球被判成好球時，我會想：「那就把好球帶再擴大到那裡去好了。」

——原來如此，把這種微妙的判決當作練習。這樣一來，一朗您的眼睛和身體就慢慢習慣了大聯盟的好球帶。

一朗 我想我在下意識中了解了日本和美國好球帶的差異。

——加入水手隊之後，更可以透過實戰來確認好球帶的大小。日本和美國之間的差異到底有多少？

一朗 每次站在打擊區，都會請捕手幫忙判定，外角球就算是完全偏離在本壘板之外，也可能是好球。到底差了幾個球的寬度我也不清楚，甚至右打者打擊區的白線上都有可能被判好球。我想這會依投手和裁判而異。

——打擊的感覺如何？

一朗 已經會出手去打外角的壞球了。腦子裡再怎麼認定這是好球，若身體還是覺得是壞球的話，就很難出手去打，就算打了也頂多形成界外球。我打算克服這個問題。

很期待到形狀奇怪的球場

——接下來想請教有關主場 SafeCo Field的事。實際站在守備位置上，您有什麼印象？

一朗 也不只有 SafeCo Field，我想這是美國球場的共同點，那就是球場的形狀都很奇怪。比賽時的緊張感也不同。而且我覺得在右外野的守備方面，會增加許多有趣的狀況。中右外野和中左外野都相當深遠，因此移動的範圍變大，守備的表現機會也增加了。全壘打牆又鋪有軟墊，我想可以積極的守備。

——前幾天我參加一個參觀 SafeCo Field的旅行團。站在球場上，發覺跟日本比起來，球員和觀眾的距離眞的很近。沒有鐵絲網，球迷的視線高度和球員是一樣的。我現在非常能夠理解大聯盟的球迷帶著手套去看球的原因。

一朗 因為沒有鐵絲網，所以球常常飛到觀眾席。球迷和球員的距離又非常近，我想我必須儘早習慣。

——像一壘手或三壘手、左外野手和右外野手，和球迷的距離近到幾乎只有一臂之遙。接下來您會在許多球場打球，跟在日本的棒球場打球感覺一定很不一樣。

一朗 當然不一樣。不像日本球場外野的形狀那麼工整規律，因此打到全壘打牆上的球應該不規則地彈跳。還有，幾乎所有球場都是鋪天然草皮，所以球滾動的方式一定會因球場而異，必須確實掌握每個球場的特性。在每個球場打過一輪之前，必須多花些心思。在習慣之前，也許會有一些難看的表現。但是只要徹底了解每個球場的特性，甚至運用這些特性來打球的話，便可能將自己的表現發揮得更好。如果以這個角度來看，我是充滿了期待。

——每個球場的草皮狀況都不一樣嗎？

一朗 在草皮和修剪方式上，每個球場都千差萬別。像SafeCo Field的球場維護人員還會去問球員的喜好，根據這個來改變修剪草皮的方式。

——球員也能提出要求啊？這樣的話，草皮的狀態也會因各個守備位置而不同嘍？

一朗 是啊！完全不一樣。

——一朗您喜歡哪種草皮呢？

一朗 因爲我是依據球打出來的力道和彈跳的方式來作判斷，所以不會減少球的力道的平整草皮比較好防守。

——和大聯盟相反的，日本完全以人工草皮爲主。

一朗 是啊。

——在人工草皮上打球，跟天然草皮感覺很不一樣嗎？

一朗 首先，對身體所造成的負擔完全不同。球賽後肌肉的腫脹程度等，完全不一樣。當然，打球的風格也會改變。像在天然草皮上可以很盡情用力去作的動作，在人工草皮上因爲摩擦力、阻力較大，很容易受傷，所以也就不能百分之百地發揮。因爲草皮的不同，棒球可以變得很有趣，也可能變得很無聊。

——所以想看到精彩的球賽，就應該用天然草皮。

一朗 我想是如此。

——球季中，應該會體驗多次的遠征。和球場同樣的，也會造訪不同的城市。城市和球迷的不同，會對球賽的進行造成影響嗎？

一朗 不同的城市具有全然不同的氣氛，球迷的氣質更完全不同。不過這裡的球迷都是很率性地在享受棒球，我既覺得既恐懼又期待。

——加油的方式也跟日本很不一樣吧。

一朗 我的印象是，感覺球場裡每一個人的目光好像都跟著那顆球在跑。

——第7局上半結束時，所有的球迷還會一齊站起來唱那首〈Take me out to the ball game〉吧。

一朗 大家眞的很喜歡棒球。每次打球，都會深刻感受到這眞的是這個國家的國球。

如何對付一百名以上的投手

——接下來想請教球賽的事。首先是關於一朗您即將對戰的投手。一個球季裡會碰到的投手，總數大概超過一百人吧。您對於對戰的投手有沒有作深入的研究？

一朗　我在日本時就有看大聯盟的球賽轉播，現在也會研究球隊蒐集來的錄影帶。從投法到球種、是什麼球路、擁有哪些變化球等等，大概有一定程度的了解。事先掌握情報總比一無所知來得容易應付，即使只知道投手的投球姿勢，都可以算是一種優勢。

——那是爲了掌握擊球那一瞬間的時機嗎？

一朗　是的。只要知道投球姿勢，就大致有個印象。所以我請球隊依照開賽以後的對戰順序作成錄影帶。不過，很多時候不實際站上打擊區打打看是不知道的，因此球季裡站在打擊區所得到的情報最重要。

——每個投手都有獨特的配球和決勝球，要一一記下來很辛苦吧。

一朗　情報量當然很龐大。但是在投球方面，我的印象反倒是很單純，不至於太細膩。投手和捕手之間的配球，相較之下也比較易懂。

——具體來說，到底是怎麼樣的易懂法？

一朗　像在控球方面，這裡的投手大多很大膽，卻不夠細膩。我發現很少有投手會小心地將球投到本壘板的邊邊角角、將球控制在本壘板往內或往外一個球。當然，也不是完全沒有這種具有絕佳的控球能力，可以將球控制在好球帶邊緣的投手。可是大多數的投手都是用自己最有自信的球在和打者對決。碰到這種投手時，如果老是去猜測他的配球或想得太多，反而會錯過絕佳的打擊時機。所以重要的是先弄清楚現在面對的到底是屬於「大膽型」還是「控球絕佳型」的投手。我想，面對這些在大聯盟占多數的大膽型投手，根本不需要太過神經質。

——一朗您在日本打球時也說過：「我不需要猜測投捕之間的配球。只要將精神集中在投手投出的球，好好地用眼睛盯住球就打得到。」即使到大聯盟打球，這個基本還是不變嗎？

一朗 是的，這個基本是不變的。

——大聯盟投手的投球姿勢也很獨特，都用自己的方式來投球。想要捕捉到投手投出手的球，一定也有過措手不及的經驗吧？

一朗 有許多投手投球時，臉根本不看捕手，就這樣朝向旁邊。我老會覺得：「你到底想把球投到哪裡去啊？」其實蠻恐怖的（笑），相當不好打。

——日本就沒有這種投手。

一朗 大概只有巨人隊的岡島一樹（現日本火腿）吧！看著捕手的臉投球是被奉爲圭臬的，如果在日本臉這樣朝著旁邊投，投球姿勢一定會被糾正過來。

——大聯盟的投手把臉朝著旁邊投球，是不是一種欺騙打者的手段？

一朗　不是，應該只是習慣吧。這是他們的節奏吧。我想單純是因爲他們把臉朝著旁邊，比較投得出好球。如果臉朝向捕手，反而會投出暴投吧。

——說到嚇人，也會碰到那種能投出160公里快速球的投手吧。

一朗　是啊。不過，我想直球再快眼睛還是跟得上，眞正嚇人的反而是變化球。像曲球或滑球的變化簡直令人不可置信。

——聽說有一種曲球變化角度之大，被稱爲「會咬人的曲球」！

一朗　不只很會變化，依投手的不同，變化也具有獨特的個性。這裡的變化球不是標準的變化。像曲球或蝴蝶球、Shoot（註：有人譯爲『噴射球』，其出手方式與軌跡幾乎與滑球恰恰相反，進入本壘時會向右打者的內角移動）就不用說了，還有像伸卡球這種會變化的球。此外，還有二縫線、四縫線等等，利用球的縫線來讓直球都產生搖晃的球。

——對戰投手用來作爲決勝球的變化球，都事先調查過了？

一朗　大概有想像過。不過，也有些投手不需要先查任何資料，反正就是快速球投手。他想怎麼投就怎麼投，所以我也不必太神經過敏。

——以前聽您說過，有一次對戰西武的松坂大輔，在被三振的那個瞬間，就覺得「下一個打席絕對打得出安打」。而實際上，下個打席您打出了全壘打。也就是說，捕捉投手的球並不是在單一打席，而是在整場比賽中進行的。當然，到了大聯盟，這道理還是不變吧？

一朗 當然！雖然對每個球都必須集中精神，但重要的是不要因爲揮棒落空或被三振而心情起伏。如果因爲這次沒打好就覺得完了的話，不就沒辦法面對下一個打席了嗎？就算是連續3個打席、4個打席沒打好，如果沒有從中獲取一些經驗，下次還是會打不好。就算被三振、就算出局了，重要的是能對這個投手的投球留下一些心得。因此我總是提醒自己不需要太在意每次上來打擊的成敗。

——我懂了！從現在開始我也會從這個角度來看待一朗的打擊。另外，我看過一則報導說，佐佐木主浩曾經警告一朗您的打擊姿勢。好像是說將球棒指著正前方再收回來的動作，有挑釁投手的意味，很危險、最好改掉。這是眞的嗎？

一朗 是的。好像眞的有這種投手。有的投手被球棒指到會不高興，會故意投觸身球。

——那麼一朗您會改掉這個將球棒指向前方再收回來的動作嗎？

一朗 我找Gerald Perry打擊教練商量過。我把打擊姿勢作給他看，他果然說：「在我們這個年代的確很危險！」（笑）但是他也說，最近把這個當作挑釁行爲而發怒的投手已經不多了。像我的打擊姿勢只是把球棒揮來揮去倒還好，但是如果將棒子停住指著投手就不太妙。只是把球棒往上舉、馬上揮下來，那根本沒問題。當然，爲了揮棒這件事去激怒對方投手，而被投觸身球的話就虧大了，所以我會特別小心。

——請務必小心。另一方面，打者和投手之間的對戰，有一個判定好壞球的裁判存在，當然應該是公平的。不過，我在看大聯盟球賽的時候，老是覺得這些裁判在比賽進行中有些作秀的成分。比如說這裡判個好球，那裡爲了製造緊張氣氛故意判個壞球之類的。在日本絕不會發生這種事。一朗您又是怎麼覺得的？

一朗　依照球賽的狀況，也許眞有這麼回事。不過，像我的話，幸好已經有能力對應較寬廣的好球帶。我認定是壞球，如果裁判判定這是個好球，我也可以馬上切換成較寬的好球帶，所以並不會太擔心。但是若在球賽最高潮的時候，被判定「好球，三振出局！」的話就太難看了。也許將來必然會碰到這種狀況，不過，如果一定要碰到這種判決的話，只希望不要是在關係球賽勝負的緊要關頭。

——某些狀況下，也會發生裁判改判的事情。那麼對於很棒的打者，有時候在支持這種雰圍下，是否也可能出現有利打者的判決？

一朗　這就還不知道了！只要拿出好成績，這種狀況也是有可能的吧。

把球打出界外的技術也很重要

——到大聯盟後有沒有改變過打擊姿勢？

一朗　沒有，沒有特別作什麼改變。

——練習時，一朗您的打擊姿勢好像都有作微妙的調整。看起來腳不怎麼抬高，而且將重心放低，以增加安定感。

一朗　像改變站的位置，或是依據不同的投手來改變打法這些作法的確增加了。有時站在原來的位置怎麼樣也打不到球，就試著稍微退後一點，或是蹲低一點等等來調整。

——意識到大聯盟的外角好球帶比較寬鬆，會不會因而刻意鎖定外角球？

一朗　跟以前比起來，現在非常在意偏外角的球，也知道非出棒不可。但是球的位置有時甚至超出本壘板外一、兩個球，因此，首先要思考的不是怎麼把這種球打成安打，而是先出棒比較重要。

——也就是先打成界外再說。

一朗　是的。以外角球來說，要將超出本壘板外兩個球距離的球打到界內，是非常困難的事。不把手腕整個扭過來是打不出來的。所以我才把那附近的球打出界外。相反的，我認爲應該要瞄準內角球來打。球季剛開始時，我想對方的投手大概都會攻我的內角。全壘打打者連外角球都是用拉打的，可是以上壘率爲重的第1、2棒打者，關鍵還是在於能否打好內角球。因爲對方的投手應該都會以此來試探你。

——所以一朗當然也會面臨這個試探。

一朗　是啊！而且是快速球。所以首先必須敢於面對。尤其是他們的快速球快得不得了，一旦被貼上無法對付內角速球的標籤，以後對方就會一直攻擊這個弱點。

——所以絕對不能示弱。

一朗　對啊！因爲控球能力絕佳的投手應該不多，所以內角球都伴隨著一定的危險性。如果對方開始攻我的內角，我要及早去應對。

——像這種危險內角近身球，是不是有什麼閃躲技巧？

一朗　有啊！有一個鐵則是「就算被砸，也是身體外側」。身體內側被快速球砸到的話，受傷會很嚴重，所以一定要避免。

——二〇〇一年球季，大聯盟整體傾向把偏高的球也判爲好球，聽說是爲了修正「打高投低」的現象，以縮短比賽的時間。

一朗　是啊！我想縮短比賽時間是爲球迷著想。以球迷爲尊，即使規則也會作彈性的變化。

——是爲了減少拖拖拉拉的球賽，讓球迷可以觀賞節奏更快的球賽吧。至於好球帶，不僅外角，連高度都放寬，您的看法如何？

一朗　高球我想我還能應付。但是像那種力道強勁的偏高直球，就很難確實打好，所以我想還是先多多磨練打界外球的技術吧。

——和外角球一樣，故意把它打出界外？

一朗　我在歐力士隊的時候，常常因爲沒打好而把球打出界外，幾乎沒有故意把球打到界外去的經驗。

——先把不好打的球打出界外，等待自己想打的球，這又是一個新的課題！

一朗 是啊！我以前就一直想要這麼做，但是在揮棒的那一瞬間，還是會習慣性地把球往界內打。在日本的時候，就算是外角的壞球還是能勉強將它打成安打。但是160公里左右的高球就沒那麼簡單了。所以在美國，打界外球的技術也很重要。

——聽說大聯盟的投手在壘上有人時，所採取的固定式投球姿勢（set position）和日本很不一樣。會不會覺得不好打？

一朗 這倒不會。所謂的固定式投球姿勢，是因爲壘上有人時動作不能太大。這對我來說反而方便。因爲這裡的投手投球姿勢千奇百怪，但是再古怪的投球姿勢，只要用固定式姿勢來投，也會變得比較沒那麼奇怪。

——固定式投球姿勢反而比較好打？

一朗 是的。像野茂英雄那樣將上半身向後方扭轉，再轉身將球投出去的投法相當驚人吧？打者大概會覺得「投手到底想把球投到哪裡去？」但只要變成固定式姿勢，動作就不會那麼大。

——原來如此！因爲轉身動作很大，野茂的投球姿勢才被暱稱爲「龍捲風投法」。不過，一朗在歐力士隊的最後一個球季是擔任第4棒，大家會期待您打全壘打。可是到水手隊後，任務很明顯的不同了。不管是觸擊還是內野安打，總之要盡可能上壘。從第4棒變成第1、2棒，對於角色認知的轉換會不會很困難？

一朗 這方面並沒有問題。具體的轉變主要是在3壞球以後的應對，也就是要不要去打看起來像是壞球的好球。簡單來說，大家希望第4棒打者打出安打，所以必須積極出棒。與其等四壞球上壘，應該盡可能打出安打或全壘打。但是現在我的任務是上壘，球數如果是沒有好球3壞球或1好3壞，就算來了個好壞球邊緣的球，也應該多等一球，因爲如果被判作壞球就可以上壘了。我想這類場面會比歐力士隊時代多很多。

被要求盜壘的場面一定會增加很多

——上壘之後，還是會採取盜壘攻勢吧？聽說這裡的投手投球動作很大，對打者非常有利。

一朗 我想盜壘肯定會比以往增加很多。投手的投球動作大，對我的確很有利。機會增加，不盜不行的場面應該也會明顯增加。因爲歐力士隊時代，我相當節制。除了九四、九五年之外，我是傾向於不勉強去盜壘的。

——一朗您的腳程這麼快，爲什麼要刻意節制盜壘呢？

一朗 我想盜壘包含量和質兩個層面。有時候盜壘攸關球隊的勝利，而有時只是爲了增加自己盜壘成功的次數，對局勢沒有很大的影響。爲了得分、爲了求勝所盜的壘，也就是有「質」的盜壘才有意義。爲了增加「量」而盜的壘眞的有價值嗎？若單單只是爲了追求數字的話，並沒有意義。尤其是夏天溼度很高，無謂的盜壘只是白白消耗自己的體力。所以我認爲不勉強、有絕對把握才跑的，才算是眞正的「盜壘」。

——沒有戰略意義的盜壘，只是單純的追求數字罷了！

一朗 如果想追求盜壘王這個頭銜也就算了。在完全沒有意義的場面盜壘，只會讓別人覺得你是笨蛋，反而降低自己的評價。

——曾經碰過這樣的狀況嗎？

一朗 九六年以後，對我來說必要性的盜壘就很少了。

——但是在水手隊，被視爲「必要」的盜壘將會增加。

一朗 確實會增加吧。只是在球隊戰略上，盜壘的必要與否，還是必須跟教練好好商量、確認。當然，如果球隊要我「能盜就盜」，我會盡量去做。不過，若球隊要求我「一二〇%成功」的話，就很困難了。畢竟對方的投手也是受過長久的訓練，以固定式投球來防備跑者盜壘。我個人並不打算作那種聽天由命的盜壘。

——這邊的捕手臂力都很強，對跑者來說應該是很大的風險？

一朗 不管臂力再怎麼強，想完全阻止盜壘是不可能的。普通捕手把球傳到二壘還會被盜壘成功，幾乎都是投手的投球動作被識破的緣故。

——所以您不在意捕手的臂力嗎？

一朗 完全不考慮捕手的事，重點在投手的投球方式。

——您不在意捕手的臂力，那阻擋呢？本壘前的攻防，常常看到跑進來的跑者被頑強的捕手彈開的畫面。

一朗 這個就很不喜歡了。被捕手那樣阻擋，身體再怎麼說都受不了。被彈出去是當然的，搞不好還會嚴重受傷。而且若沒有仔細估算起跑的時機，想要被判safe也很難。

——甚至有些捕手會假裝觸殺，其實是用手套揍你。體重看起來也有一百多公斤。像打出高飛犧牲打，跑者從三壘起跑，或是打出右外野安打，二壘上有跑者時，這種本壘的攻防戰好像很難避免。

一朗 我想從三壘起跑的狀況會增加。而且如果我在二壘，隊友擊出外野安打的話，很顯然的，跑壘指導教練會轉動手臂叫我衝回本壘吧！不管如何，我會盡量避免直接衝撞。

——一朗您的腳程充分發揮的話，應該可以常常跑出內野安打。

一朗 我想應該會吧！原因是對方會常常投變速球過來。就像日本常常投指叉球這種下墜的球路一樣。再加上這邊的好球帶對外角球比較寬鬆，這種球往往會打成內野滾地球。像這種情況，就要靠腳程跑出內野安打了。

——而且上壘率也會提升。

一朗 不過，我不會爲了上壘率去打內野安打，這單純只是打變速球的結果。我不會爲了打內野安打而破壞自己的打擊姿勢。

——遇到這種狀況，就有技巧地用球棒去碰到變速球嗎？

一朗 是的。就算不是漂亮的安打，最好還是具備碰到球的能力。

——這次參加SafeCo Field的觀光團時曾進到球場裡，導遊指著草皮說：「這個球季，水手隊來了個腳程很快、擅長觸擊的球員叫作一朗。爲了（讓觸擊的球不會滾動）對這個一朗比較有利，我們在內野的一壘及三壘側分別增加了5英吋寬的草皮。This grass is for Ichiro.」仔細一看，邊線上還眞的長了新的草皮。我嚇了一跳，竟然有這種事。

一朗 咦！眞的嗎？我倒是不知道。竟然特地爲我種了草皮。那不是準備叫我打觸擊安打嗎（笑）！這麼說來，練習時確實是有幾個教練一直問我：「會不會觸擊？」

——一朗您是怎麼回答的呢？

一朗 大概是「嗯，啊」這類不置可否的回應吧！

——不過，由於打擊順序的關係，和歐力士隊時代所擔負的任務不同。但是在這麼長的球季裡，有時也會想打全壘打吧？

一朗 是蠻想的。當然我也不知道會碰上哪種球路，現在開始才是決勝負的關頭。對自己有某種程度的自信之後，我想我也會製造打全壘打的機會。

以守備及臂力博取觀眾的歡呼

——接下來想請教關於守備的部分。現在大聯盟共有三十個球隊，聽說外野手的守備水準有下降的趨勢。一方面由於有DH制，且球員爲了打全壘打，不斷增加肌肉，使得體型越來越龐大的關係，很多球員腳程都很慢。美國的媒體也說：「像一朗這樣具有防守能力的外野手，是大聯盟最需要的。」

一朗 那眞是太令人開心了。不過，守備不好的外野手，大多是所謂的全壘打打者。有些球員的確會爲了打全壘打而增大自己的體型。這也是一種目標，也是球迷希望看到的，因此不能單純評斷是好是壞。但我的印象中，外野手的動作的確有點遲鈍。雖然不是每個都這樣，但單就守備而言，的確有些選手的水準不是很高。不過，內野手就不同了，動作實在是太精湛了，常常令人看了很感動。

——內野手的防守雖然精采，但外野手像一朗您這樣的就不多見了。

一朗 也不完全是這樣。不過，要說自己足以讓美國的棒球迷驚奇的，也就是守備和臂力了。也許這是最大的部分。

——看了您的守備範圍之寬廣及臂力，相信整個球場都會爲之沸騰吧！

一朗 如果平常看到的都不是什麼迅捷的守備，那麼就算是很普通的守備，也可能會覺得很精采。所以我也很期待右邊看台球迷的反應。不知道看到自己的表現，球迷會激動到什麼程度。因爲這幾年來都沒能感受到這種感動，若是可以將背後傳來的歡呼聲轉化成自己的動力，實在是太高興了。

——爲了加強防守，事先知道對方打者會打出什麼方向的球是很有利的。您會不會去蒐集這些打者的資料，比如說「這個打者是屬於中距離打者」，或是「這個打者常打出中外野或右外野的全壘打」之類的？

一朗 這是必須馬上開始做的事。不單純是打擊率或擊球內容而已，像「這個打者碰到這種類型的投手時，會用這種方式來擊球」，或是「碰到這種球種時，常打出這種球」之類的詳細數據一定存在。我想我在水手隊鎮守右外野或中外野的可能性較大，關於這兩個位置的資料是必要的。大聯盟球員打出來的球很會變化，又充滿力道。雖然想下去會沒完沒了，不過，到日本來打球的美國球員所擊出的球也很特別，而且我也接過很難接的球，所以關於守備方面，我會特別花心思。

——是怎麼難接法呢？

一朗 因爲每個人的打法都不太一樣，因此打出的球會有不同的特徵。很多球員打出的球會旋，有的則特別遠。這些都是必須注意的地方。

——一朗在比賽前會不會和總教練、教練們討論有關戰術的部分？

一朗 除了原有的會議，我自己若有想確認的地方，就會馬上去問。是一些關於狀況判斷之類較細節的部分。

——具體來說，是問哪些事情呢？

一朗 球賽中一定會出現不知道該怎麼做比較好的狀況，這時對球員來說，先確認球隊的方針是很重要的。例如沒人出局，二壘有人時，我方打了個外野深遠的高飛球，也許會被對方接到，也說不定對方接不到；對方接不到時自然會變成二壘安打，這時如果我是跑者的話該怎麼辦？簡單來說，是要離二壘壘包近一點，準備回到壘上起跑呢？還是離壘遠一點，跑到二、三壘中間，以便對方接不到時，可以趕快衝回本壘得分？像這種狀況要先搞清楚，才不會萬一出局時，變成球員的判斷錯誤，被人罵說：「你在搞什麼！」比如說，沒人出局，二壘有人的狀況，站在二壘上的話，即使下一個打者打出二壘打，我可能也只能跑到三壘；如果我離壘遠一點，跑到二、三壘中間，那就可以輕鬆地跑回本壘得分了。球隊的戰術是要採用哪個方式呢？因爲這是有選擇性的。我會問球隊，希望球隊作出具體的指示。

——就因爲是小地方，更需要特別確認。

一朗 最好能明確地下暗號指示。如果沒下達指示，失敗時還把罪過推到球員身上的話，就有損彼此一起打拚的互信了。

——那教練會很認眞地傾聽嗎？

一朗 非常認眞地聽。

——換個話題。一朗您現在最注目的大聯盟球員是誰？

一朗 我很關心一些曾在一起打球的球員。雖然時間很短。像美日職棒對抗賽，以及九九年在亞利桑那州皮奧利亞春訓營一起打拚的球員，或是九四年在夏威夷冬季聯盟相處過的球員們，有幾個都已經升上大聯盟了。若有機會，很想好好看他們打球。

——當時參加夏威夷冬季聯盟的球員中，已經有人升上大聯盟了嗎？

一朗 是啊！尤其是奧克蘭運動家隊的 Jason Giambi 的表現就很搶眼。眞的很希望在球賽中再和他碰頭。

——您和安納罕天使隊的投手長谷川滋利身處同一個分區，有沒有機會跟他講話？

一朗 完全沒有。

——長谷川滋利握有許多關於一朗您的資料，這對您會不會造成不利？

一朗 長谷川先生是個喜歡蒐集情報的人，他也許認爲對上我時會比較好投吧。不過，實際上他已經好幾年沒看我打球了，我想那些情報大概也幫不上什麼忙。

使用的球具也配合大聯盟的需要

——我想請教一朗您現在使用的棒球用具。水手隊配色的釘鞋很帥氣，非常顯眼。

一朗 對啊！跟球衣也很速配，我非常喜歡。好不好看其實也很重要。我希望我穿的釘鞋，能讓打少棒的小朋友們覺得也想穿、想擁有。像這種憧憬，對棒球來說是很重要的。

——這好像是爲了大聯盟特別開發出來的？

一朗 是的。最大的特徵就是很輕，好像是赤腳在跑壘的感覺，對我來說相當理想。如果太重就會覺得好像不是自己的腳一樣。當初我拜託廠商盡可能做得輕一點，結果他們特地研發出新的材料，單腳竟然可以輕到只有一五〇公克。這是我穿過的釘鞋中最好穿的了。以前只要一穿上釘鞋，就很想換回普通的球鞋，可是現在完全相反。就算穿著普通的球鞋，也很想換上釘鞋。由此可見這雙跑鞋有多舒服。

——研發是不是不花了很多時間？

一朗 是的。總之，我百分之百滿意這雙釘鞋。幫我做這雙鞋的亞瑟士公司，在各方面都聽取了我的意見。去年以前穿的釘鞋，是在鞋底的皮革上釘上釘子，沒想到大聯盟的球場比日本的還要硬，所以每次跑的時候，釘子都會頂住腳底，感覺很痛。爲了解決這個問題，鞋底改用塑膠樹脂製作，而不用皮革。現在我二種鞋底的釘鞋都有。

——然後依不同的狀況來決定穿哪一種嗎？

一朗 比較輕的那雙鞋底是皮革做的。可是，需要作一些比較激烈的動作時，穿樹脂鞋底的會比較輕鬆。我想，在美國穿塑膠鞋底的機會會越來越多。

——那球衣呢？水手隊的球衣是用訂做的嗎？

一朗 是的。也會徵詢我們球員的意見。

——跟歐力士隊時代一樣，一朗您球衣的線條很合身。

一朗 我當然有特別注意。

——手套、球棒也是委託在歐力士隊時同樣的人製作嗎？

一朗 是的。手套是美津濃的坪田信義先生，球棒是久保田五十一先生做的。

——爲了大聯盟有沒有作什麼改變？

一朗 換了顏色。

——什麼顏色呢？

一朗 手套是青色，球棒則是黑色。

——大聯盟允許球員在球棒上塗顏色嗎？

一朗 不是啦！日本雖然好幾年前就允許使用黑色球棒，但是規定的那種淡黑色我不是很喜歡，我喜歡漆黑色。

——大聯盟沒有特別規定？

一朗　這裡可以依個人的喜好用色，所以我就選了我喜歡的漆黑色。

——上了色有沒有什麼特別不同？

一朗　普通球棒會上亮光漆，黑色通常只上一次，但我的球棒特地上了二次，希望黑色看起來更精悍一點。

——大聯盟的比賽場次比日本多了很多，球棒大概要準備多少支？

一朗　我想應該沒有球員像我一樣訂做那麼多吧。因爲有需要的時候又沒辦法那麼快送來，所以我打算準備一五〇支左右。常常在用的大概是七、八支。不過遠征的時候，我會多準備一倍左右的球棒帶去。

日本還是有比較好的部分

——開始在大聯盟打球後，應該更能看清楚日本棒球的本質吧。比起來，日本的棒球有沒有什麼優點？

一朗　最大的一點就是心懷感謝。我是指對用具和球場的感謝。這邊完全感受不到。球場也不太打掃，釘鞋和手套也不擦。當然，大聯盟都有專人負責整理球場，也有負責整理球具的人，甚至請專人負責刮除釘鞋上的泥土。雖然如此，我還是不太習慣。

——手套用了就丟著不保養嗎？

一朗 是啊。每次在休息室看到大家亂丟的手套，都破破爛爛的。真的很少球員去在意手套。

——那關於棒球技巧方面的優點呢？

一朗 如果光比體能的話，日本球員簡直是在關公面前耍大刀，因此只好用其他方面來彌補。而這部分應該是「細膩的神經」吧！例如觀察球棒與球的接觸點來判斷打過來的球，或是依據球的旋轉來預測球的落點等等細膩的技巧，日本人是獨一無二的。當然，大聯盟的球員就算不那麼細膩，有時光靠腳程或力量也可以解決。

——要是大聯盟的球員神經也能這麼細膩……。

一朗 要是他們也能夠這麼做的話，就太厲害了。天下無敵！

——一朗您既然了解這些不同，就可以綜合美國和日本的優點了吧。

一朗 球技的部分當然希望如此。不過，再怎麼習慣大聯盟的方式，只有對球具心懷感謝這個部分我不想忘掉。不管是球鞋或手套，我還是會像以前一樣自己保養。

——美國好像禁止使用肌肉增強劑。您怎麼看使用藥物這個問題？

一朗 很可怕！就算可以暫時增加肌肉，把體格壯大，結果還不是傷害自己的身體。像這種玩命的作法我完全沒興趣。

——場數增加，難打的比賽也會變多吧。爲了維持身體的狀況，會不會攝取一些營養補給品？

一朗 從歐力士隊時代開始就有持續在攝取了。以蛋白質、氨基酸、維他命這類居多。

——聽說您對蔬菜的好惡很分明。現在在吃的方面是不是有些改善了？

一朗 與其說是因爲加入了大聯盟，還不如說是因爲結婚的關係，以前完全不碰的東西現在也會吃一點了。因爲是運動選手，只要人家說「吃這個對身體好」，自然就會吃了。不過，只有我一個人是絕對不會吃的，這完全是配合我太太。

——除了補品之外，有沒有採取什麼精神訓練？例如反覆看自己球賽的錄影帶，或是冥想之類的？

一朗 具體上倒是沒有做什麼，勉強要說的話，應該就是不去接觸一些無用的資訊。所謂無用的資訊，簡單來說就是日本的運動報、八卦雜誌之類的東西。如果在意日本的媒體到底是怎麼看待我的，只會造成我的壓力。尤其是負面的意見，就算嘴巴說不在意，也絕不會有正面的幫助。這雖然不能算是訓練，但的確是我一直很徹底在執行的一件事。

——您完全不看運動報、八卦雜誌嗎？

一朗 我沒有出賽的時候，像因傷無法上場時，也是會看一點。但是球季中，我連看都不想看一眼。

——應該有人會說，因爲您是明星球員，被當成話題報導也沒辦法吧。

一朗 當然，這我可以理解。如果讀者讀了這些東西會覺得很開心，那也無可厚非。只是，我自己本身不想被非事實的東西影響。

希望百分之百發揮實力

——聽說美國的媒體也很辛辣。實際上被採訪的感覺如何？

一朗 雖然很辛辣，但我深深覺得這些人的確有本事靠這行吃飯。

——是談到什麼事呢？

一朗 在加入水手隊的記者發表會時，有個第一次見面的記者，劈頭就問我有關剛剛轉隊離開水手隊的Alex Rodriguz的問題。因爲我也是剛轉隊進來的球員，所以那個記者問我，對於棒球員來說，「轉隊」是怎麼樣的一回事。那時我回答說：「如果能跟他同隊打球，是件很棒的事。可是我也對他下決心轉隊，抱持尊敬的態度。」

——那位記者以轉隊球員的角度，將Rodriguz跟一朗您相提並論。

一朗 完全是我沒設想過的問題。不過，如果那時是被問到美國最好吃的東西是什麼，我可就答不出來了。

——我想美國的媒體認為運動選手應該擔負的責任很大。在棒球以外，社會性的問題應該也會增加。對於大聯盟球員被這樣定位，您的看法如何？

一朗 我想我到美國之後所說的話，一定會被人作各式各樣的詮釋。所以今後我對自己的發言更應該慎重行事。

——跟隊友之間的溝通，是不是已經作好萬全的準備？

一朗 棒球的事情應該沒什麼問題，球隊裡也有會說日文的職員，而且對棒球也有共同的認識。只是，日本人之間不是有一種「不必言語的心領神會」、「沉默的溝通」這類默契嗎？我很驚訝這在美國完全行不通。總之，好或不好、喜歡或討厭，都必須明確地表達出來。我從來沒有感受過這麼大的壓力。我本來話就不多，所以眞的很不習慣。

——光是開始去想「這個人現在到底在想什麼？」就很累人了吧。

一朗 應該很累吧。球場上也就算了，離開球場更是如此。要是對方邀我一起出去玩，更不得不多注意吧。

——不過，還是希望有一天可以不靠翻譯，自由地會話吧。

一朗 這是我的一大目標。

——未來會長期遠征，可能一整個月沒辦法回家。您有沒有想過要如何紓解壓力？

一朗　這倒是得好好想一想。在日本的時候，和棒球圈子以外的朋友去吃一些好吃的東西，多少可以放鬆一下，但在一個陌生且治安狀況不明的地方就難了。我這個人是沒辦法一直乖乖待在旅館的，因此勢必要慢慢增加一些喜歡去的地方。

——終於要在大聯盟亮相，一朗您眞正的感想如何？

一朗　在日本，如果我用了五〇%的力氣，多少也都還能留下一些紀錄。但是我知道，在美國這是絕對不可能的。若不能發揮百分之百的實力，達到踩足油門的狀態，就無法展現一朗這個球員的魅力。

——我以一個球迷的身分，甚至已經在心裡描繪一朗在明星賽登場的情景。

一朗　我自己倒是想都不敢想。不過，若眞有這麼一天的話，我想負擔一定很沉重。

——一朗加入水手隊所展開的大聯盟球員生涯，相信今後將會持續下去。不過根據球隊的狀況以及個人成績，也是有可能再度轉隊。像伊良部秀輝就從他一直渴望進入的紐約洋基隊被交易出去，現在在蒙特婁博覽會隊投球。Alex Rodriguez、Ken Griffey JR.也轉隊了。一朗有沒有想過，將來也可能有這種遭遇？

一朗　今後的事情誰也不知道。我自己倒是覺得，因爲交易或轉隊到別的球隊，也挺有意思的。雖然換一個新的環境是件很累的事，但是在大聯盟，球員的異動是很理所當然的，因此也只能全盤接受。日本的球隊總是對轉隊或交易來的球員抱持著外來者的態度。但是在美國這邊，轉隊當天一穿上新球隊的球衣，馬上就會被大家接受。這方面我自己並不排斥。

——如果讓您放一天假，您最想做什麼？

一朗 這個嘛，我想跟我太太一起去看美國的小孩打棒球，看他們在天然草皮的球場上大聲吶喊，跑來跑去。

挑戰大聯盟的原因

在美日職棒對抗賽實際感受到大聯盟的了不起

——接下來想請教一朗您決定挑戰大聯盟的眞相。

一朗 好的。這包含了好幾個理由，但對一個棒球球員來說，這無疑是個以生命作爲賭注的決定。

——首先，是哪個瞬間讓您開始意識到大聯盟？九六年參加美日職棒對抗賽時，是不是實際感受到了大聯盟的了不起之處？

一朗 參加那場球賽所帶來的興奮，確實是一個轉捩點。它改變了我對大聯盟的觀感，讓我很清楚地從單純的嚮往，轉而爲確切的目標。

——大聯盟代表隊齊聚了很棒的球員吧。

一朗 Carl Ripken、Mike Piazza、Alex Rodriguez、Barry Bonds、Brady Anderson、Pedro

Martinez、Pat Hentgen……等等，幾乎無法想像的球員聚集一堂。現在回想起來還是很興奮。Alex Rodriguez也說：「能夠跟這些超級巨星一起打球，非常光榮。」

——對於各個球員的表現，您有什麼印象？

一朗 我還記得很清楚。以前雖然曾在電視上看過大聯盟球賽的轉播，但親眼目睹他們的速度和力量還是頭一次。第一次有機會親眼看到他們實際上投的是什麼樣的球、如何打擊，得以親身體會到他們的實力。大聯盟投手的投球姿勢和日本投手完全不同，眞的很有壓迫感。不過，投出來的球本身倒不至於太驚人，球速也沒有快到令人嚇一跳的程度。但是野手就有很明顯的不同，第一是力道的部分，光是在打擊本身，感覺就很不一樣。當然好球帶和日本有所不同，不過，我一直以爲大聯盟的球員很容易出棒打壞球，但近看之下，其實完全不是如此。他們選球的眼光是一流的。還有，對投手投過來的第一球，他們就會出棒，不管是指叉球還是曲球，都很用力地揮棒，絕不放過。即使揮棒落空，也不是胡亂揮棒。而且是用腰部的力量，確實用力揮擊。這和日本的打者有很明顯的不同。面對阪神的星野伸之（現已退休）所投出的大幅度曲球，也是毫不猶豫地用力揮擊，絕不會退縮，他們就是擺明了要打第一球。而且不是被對方引誘出棒，而是自己主動去打。我對此相當吃驚。我這才知道，他們不論是身體還是打擊姿勢，都有雄厚的基礎，所以不管對方是哪種投手都可以對付。

——於是，您將他們的身影和自己重疊在一起。

一朗 看到他們，只是單純覺得大聯盟很有趣、眞是很棒的地方。接觸到這些將實力發揮到極限的球員，我想，這樣子打球一定很痛快。打正式季賽時，一定更厲害吧！想到這裡就很興奮。

——對一朗您來說，大聯盟並不是完全不同的層次。

一朗 那一年球季結束重新簽約時，我跟球隊管理階層的某個人說：「將來有興趣到大聯盟發展。」結果對方只是笑笑不理我。當然並不是在嘲笑我，而是根本不理睬我。

——被人家笑笑帶過，不覺得很受傷嗎？

一朗 那時只覺得大概就是這麼一回事吧。突然說想去大聯盟，普通的反應也只能笑笑吧！

——您所說的這個人，該不會就是三年前過世的球探三輪田勝利先生？

一朗 是的。當時三輪田先生心裡不知道是怎麼想的，我跟他說的時候，他只是笑笑而已。

——是嗎。您可以轉隊到水手隊，大概沒有人比發掘一朗您的三輪田先生更高興了吧。話題轉到九六年當時，您與羅德隊的投手伊良部秀輝的「對決」，是太平洋聯盟的經典場面。一朗您也公開說過：「很期待與伊良部對決。」九六年球季結束後，伊良部秀輝轉隊到紐約洋基隊，這件事有沒有影響一朗您的心情？

一朗 實際上，不是球隊對球隊，而是投手對打者這種個人之間的戰爭，能演變至白熱化，並不多見。面對伊良部登板的比賽，想贏球是當然的，除此之外，更點燃了想從伊良部手中打出安打的強烈鬥志。一想到伊良部轉隊了，以後再也不能打他的球，的確有些失落。爲了打到伊良部的球而被激發出來鬥志，也突然冷卻了下來。不過，伊良部的轉隊和我自己的轉隊並沒有直接關聯。

——轉隊到大聯盟是自己本身的問題吧。

一朗 是的。不過，我對伊良部到洋基隊去這件事也很期待。我曾經實地體驗過的快速球，到底能不能帶給大聯盟球員威脅呢？野茂英雄到道奇隊時，我也是這麼想的。雖然我和野茂對決時，並不是他狀況最好的時候，但我還是領教了他指叉球和直球的厲害。

——經過美日職棒對抗賽，進入九七年的球季。想去大聯盟的心情變得更加強烈了嗎？

一朗 沒有。那時只想著要將自己的打擊發揮到最高境界，根本沒有餘力想別的事。那時眞的很苦，以爲向前跨了一大步，結果是向後退了。每天都爲自己不成熟的打擊所痛苦。不過，就是在這種狀況下，才會有這樣的想法——自己的打擊雖然尙未成熟，但面對大聯盟的投手，表現也不差；如果能進步到連自己也可以接受的地步，那麼對付大聯盟投手就更能得心應手了。當時我每天都用這種想法來鼓勵自己。

——九六年美日職棒對抗賽時，一朗您創下了6成36的打擊率。11個打數擊出7支安打、2次盜壘成功。對照大聯盟的實際體驗，您對自己打擊的精確度還沒有百分之百的把握。

一朗 是啊！爲此更應該先確立自己的打擊能力。我希望自己的打擊能夠儘早達到無憂無懼的境界。

一九九九年遇到打擊的轉捩點

——九九年二月二十三日開始的兩個星期，您參加了亞利桑那州皮奧利亞的春訓營。這段經歷是否使您更加希望轉隊到大聯盟？

一朗 那時候情緒很高昂，再次見到現在已經離開水手隊的Ken Griffey Jr.和Alex Rodriguez雖然很開心，但是老實說，我對訓練的內容很失望。像季前的表演賽我出賽了2場，但也許是春訓才剛開始沒多久的緣故，總覺得每個球員都懶洋洋的，體型發福的球員也蠻多的。我甚至覺得訓練營步調那麼緩慢，要怎麼鍛鍊體能呢？至於我心理和生理都以大聯盟為目標，是進入九九年球季以後的事。

——這麼說來，九九年球季是一個很大的轉機吧！

一朗 是的，九九年對我來說是轉變的一年，甚至可以說是一個棒球員浴火重生的一年。不管是關於打擊方面，還是對大聯盟所抱持的想法，都有極大的轉變。

——也就是轉捩點吧？

一朗 是的。

——那麼首先請您說說打擊的部分吧。

一朗 對於打擊方面，我獲得了絕對的自信。雖然還不知道自己打擊能力的巔峰在哪裡，但我自知不會再往下掉了。

——爲什麼可以講得這麼斬釘截鐵？

一朗 我在九九年球季剛開始，就對打擊有了絕對的信心。因爲我抓到了那個一直在追尋的「感覺」。這對我來說是具有決定性的、再也不會失去的，所以才敢大聲地講出來。這個過程眞的很富戲劇性。

——打擊方面有革命性的變化嗎？

一朗 有，有很明顯的進步。

——關於這點，可以說來聽聽嗎？

一朗 說來有點話長。首先要提到的是，我所樹立的打擊標竿「打擊率」。連續七年獲得打擊王的確是一種成就，自己也覺得很不容易。不過，自己眞正可以接受的只有第一年，也就是九四年，還有九九年、二〇〇〇年這三年而已。從九五到九八這四年，都是在很苦的狀態下完成這個紀錄，我想很少人知道這點。雖然旁人都稱讚我的打擊能力很好，其實有好幾次我都已經跌到絕望的深淵，只靠著對自我的嚴格要求才達成這樣的數字。不願辜負幫我加油的球迷以及我對球隊的責任感，雖然使我有足夠的勇氣面對這些挑戰，但在這之外，還有更多自我要求以及痛苦加諸於我。進到歐力士隊七年，我一直在迷惑，始終無法打從心底相信自己的棒球。

——實在很難相信，球壇最好的打者曾有這麼痛苦的歷程！

一朗 其實當時的我身心俱疲，甚至有好幾次痛苦到差點崩潰。如果這只是精神上的痛苦或是心理的失落還可以自我控制，可是令我所苦的是打擊技巧。這部分光靠精神上的轉變是找不到解決方法的。在迷惑中還是要使盡全力，將自己的力量一點一滴的擠出來打拚。這樣子所留下來的數據，結果成了打擊王。

——即使蟬聯打擊王，也無法滿意自己的打擊技巧嗎？

一朗 升上一軍，第一次可以一整年打拚的九四年，我自己也覺得很不錯。雖然是在忘我投入的狀態下，卻可以將自己的實力一二〇%發揮出來。可是，接下來的四年我很不滿意，自己的實力只發揮出一半。

——果眞如此，那麼一朗您的打擊王豈不是靠一半的實力就達成了？

一朗 就是因爲這樣才難過啊！我甚至在心理吶喊：「自己的實力絕不僅止於此，爲什麼只做得到這樣呢？」

——打擊王地位不可動搖的一朗，看起來總是光鮮亮麗，根本無法想像您其實如此痛苦。

一朗 這種痛苦是無法用言語形容的，身體好像快要燒焦了。不論什麼時候都處於忿忿不平的狀態。

——然後在九九年的球季中，終於從這個痛苦中解放出來。

一朗 是的，這個球季中，我總算抓住了我打擊核心的那個「感覺」。

——回想起來，九九年球季剛開幕的時候，一朗您的狀況真的很糟糕。

一朗 就是啊！那個球季前我雖然作了不能再多的訓練，但是從開幕戰開始，我就覺得不對，完全打不到球。那時在出棒之前，連眼睛都抓不到球的感覺。打者並不只是用身體在打球，在揮棒之前要用眼睛牢牢盯住投過來的球，根據獲得的資訊出棒去打。也就是用身體打球之前，必須先用眼睛打球。但是那個時候的我根本做不到。

——如果不能用眼睛捕捉投手投過來的球，對打者來說是很致命的嗎？

一朗 用腦子分析視神經所捕捉到的資訊，再正確地傳達給身體，如此才打得到。如果眼睛跟不住球的話，是不會有好的結果的。

——也就是用眼睛捕捉投手投過來的球通過一朗面前的那一剎那吧。這件事做不好，是不是受到投手所投的球種或者速度的影響？例如超快的快速球或是特別刁鑽的變化球，就不好捕捉。

一朗 不是，如果自己的狀況很好，不太會受影響。只要是好球帶裡的球，我大概都捕捉得到。

——那跟不到球的原因是什麼呢？

一朗　是全身的動作和節奏。也許是因爲才剛開季，精神上的壓力多少造成了一些影響。就算是正中的球，也沒辦法用眼睛捕捉到，當然就打不出安打了。我也聽聞周圍的人在說：「一朗今年大概不行了。」自己的感覺的確也很糟，本來希望讓自己的感覺更集中，沒想到反而更糟。不過，我並沒有就這樣放棄。雖然碰上了大低潮，我仍然有自信恢復原來的打擊能力。

——接著抓住那個「感覺」的瞬間到來了。

一朗　九九年四月十一日，星期日，在名古屋巨蛋球場出戰西武隊，是3連戰的最後一場。9局我第一個上場打擊，面對救援投手西崎幸廣打了一個很不營養的二壘方向滾地球出局。對左打者而言，把球打成二壘手右側的滾地球特別糟糕，如果是打到二壘手往中間方向的滾地球還好。這也許是我打過最糟糕的二壘滾地球了。然而接下來的那個瞬間，令人無法置信的，我眼前的迷霧突然散開。「啊！就是這個感覺！」我在一瞬間，突然找到了一直在尋找的節奏和身體的動作，而且不只是模模糊糊的印象，而是腦袋和身體都徹底理解了。

——原來有這麼厲害的一瞬間！但是，對一朗來說最糟糕的二壘滾地球，怎麼會導向解答呢？

一朗　到底是爲什麼呢……？我想大概是因爲一直持續失敗的結果。不是說失敗爲成功之母嗎！那場比賽打到第9局為止，我4個打席失敗了3次。我自己雖然沒有特意去探討失敗的原因，可是最後打了那個二壘滾地球出局之後，我突然有一種奇怪的感覺。在我的打擊理論裡，那第5個打席絕對可以抓住球的，應該有相當高的機率可以打出安打才對。然而實際上只打出了二壘滾地球。

——在想像與現實之間產生了差距。

一朗 是的。很顯然的一定有什麼不對。我立刻探討這個原因，在跑向一壘的短短時間裡，將自己想像中的打擊姿勢，和現在打出二壘滾地球的實際打擊姿勢重疊在一起，就好像是在解一個方程式一樣。結果竟然找到了明確的答案。能夠得到像這樣明確的答案，在我的棒球人生中還是第一次，我高興得幾乎要跳起來。

——打出二壘滾地球出局還高興得起來，大概沒有人能理解吧！

一朗 應該沒有。總教練在休息室還很生氣呢！那一天，我的打擊率因為最後那個滾地球掉到2成23。不過，我因為抓到那個感覺的喜悅湧上心頭，不禁笑了出來。也許那個笑容讓總教練的怒氣更火上加油。第二天原本是球隊的移動日，沒有練習，我卻在遠征地被抓去作打擊練習。如果打擊率有3成5的話，大概就會讓我休息了吧！

能夠捕捉到70%的好球

——接下來想問一些更核心的問題。一朗您所抓住的解答，也就是那個「感覺」到底是什麼？

一朗 因爲這是我個人的感覺，實在非常難以透過語言來形容。因爲我的打法本來就跟別人不一樣，沒有辦法向我以外的人說明。

——如果一定要用言語來形容的話呢？

一朗 嗯……要怎麼說呢。眞的很難形容。總而言之，就是站在打擊區的時候，打到球的那一瞬間調整身體偏差的方法。上半身和下半身都各有一個重點，爲了調整偏差，使用下半身是很重要的。嗯……下半身的動作具體來說就是，使用右腳的方式以及右腳踩下去的角度吧。如果這個角度產生偏差，就沒辦法好好捕捉住球，打出去的球也無法形成安打。

——如果要以具體的距離來估算，是差距幾公分嗎？

一朗 也許還不到幾公分，搞不好只有幾公釐；說不定連幾公釐都不到。就算打擊姿勢看起來幾乎一模一樣，其中也有很微妙的偏差。

——所謂微妙的偏差，具體來說到底是怎麼樣的呢？

一朗　這個也很難形容。簡單來說，就是盯住球的動作，和瞬間集中力量擊球的動作有了偏差。

——可是，這是其他球員即使看了也看不出來的細微偏差吧？

一朗　當然。即使只是產生了眼睛所看不出來的偏差，我理想中的打擊就無法實踐。所以才更需要能夠修正誤差的感應器。那個二壘滾地球正喚醒了這個感應器。也因此，我抓到了修正誤差的特別感覺。我覺得這件事簡直就是天上掉下來的運氣。我一直在尋找這個感覺，就算一直都找不到也絲毫不奇怪。

——支撐一朗您的打擊的，就是這種可以搜尋到誤差的敏銳感覺吧！

一朗　棒球比任何人所想像得更細膩。我想不只有我，到達一定境界的球員，每個人都是爲了追求別人所無法理解的感覺在打拚吧。

——翻開紀錄，從九九年四月十一日以後，您的打擊率就開始急速上升。以那個二壘滾地球爲界線，打擊完全改變了。

一朗　確實有很明顯的改變。當然也有試行錯誤的時期，不過，那種被關在暗無天日的隧道裡的感覺，已經沒有了。以前那種似懂非懂的感覺，轉變成數學定理一般的明確。因爲再也不會迷惘，所以不會陷入不安。打擊的水準應該已經截然不同。九九、二〇〇〇年球季，每打一個打席都使我更加確信。

——打擊這件事變得很快樂吧？

一朗 從那以來，一直都很快樂。棒球是一種數據主宰一切的運動。九八年爲止，就算拿下打擊王，也老是覺得被數字追著跑。但是從九九年開始就不一樣了，甚至能夠把數據放在自己的目標裡去打球。

——眞是無法置信的進化呀！

一朗 九八年球季，我覺得我是抱著「可以捕捉50%好球」的心態進入打擊區的。不過，從九九年的那個二壘滾地球以後，增加了10～20%，差不多可以補捉到70%左右吧！

——70%是一個很驚人的數字。

一朗 棒球這種運動，當然投手的部分很有魅力，不過整體來看，還是以打擊爲主。打擊需要累積高度的技巧，在所有運動之中，也算是必須具有相當高水準的體能和技術的運動。如果自己感覺到有任何偏差，那麼即使在10成中要打好3成也很困難。10次當中要成功3次是很難的；在接近完美的狀態，也不見得能達到4成。打者的技術就算再厲害，也一定有6成要失敗。這樣的共識也許可以說是打者的優勢。但如果甘於這樣的心理，只以失敗爲前提，認爲做不到是正常的，就不可能創下將近4成的打擊率。所以我在二〇〇〇年球季，刻意將4成這個數字列爲我的目標。

——雖然4成這個數字是日本前所未有的打擊率，您還是特意把它設爲努力的目標。

一朗 我是想盡可能接近4成這個數字。因爲我終於作好了能夠達到眾人期望的準備。只要可以捕捉到60～70%的好球。我想這並不是不可能的數字。

——在歐力士隊的最後一個球季，一朗您所設定的是3成5到4成之間的領域吧。這個領域對打者來說是永遠的挑戰。

一朗 的確是永遠的挑戰。九九年雖然確信自己的打擊已經提升到另一個層次，打擊率卻只有3成43。明明覺得可以將70%以上的好球打成安打，結果竟然打不到3成5。原因就在於有太多球該打好卻沒打好。所以我知道只要減少這些原本該打好卻沒打好的球，打擊率還有上升的餘地。

——因爲確實減少了這些該打好卻沒打好的球，所以二〇〇〇年球季有一段時期，打擊率甚至上升到4成。雖然那年曾因爲受傷而有一段時間沒有上場，但結果還是創造了比去年高出許多的3成87的打擊率。不過，我想問得更具體一點，一朗您所說的「原本該打好卻沒打好的球」是哪一種狀況？

一朗 單純是指覺得可以打成安打的球卻沒有打出安打的狀況。也就是因爲身體稍微晃動或是揮棒太用力而打成界外球。這些幾乎都是因爲自己不小心，而不是打不出安打。這很明顯是自己「原本該打好卻沒打好的球」，所以我才會很懊惱、很生氣。

——九九年一朗您捕捉球的技巧越來越好。但是投手爲了對付打者，什麼手段都使得出來。

直球搭配變化球等等，在配球上下工夫來欺騙打者，就像在進行心理戰。一朗您捕捉球的技巧，可以勝過投捕之間的配球策略嗎？

一朗　如果做得到，打擊就能有更高的準確率了。但是盲目猜測對方的配球，沒猜到的可能性也很高，風險很大。老是靠預測對方的球種或球路這種方法太危險了。所以我的心思放在對方配球的比重上大約只占30％。剩下的70％，不管對方投過來的是什麼球種或球路，我都集中在如何捕捉到球本身上面。

——7比3這個比例是必要的吧。

一朗　是的。例如對方投過來的球不在原先預測的路徑上，就會打不好，可是只要專心跟球的話，再怎麼樣還是可以先用球棒打出界外，等待下一次機會。

——這樣一來，就可以增加擊球的機會了。

一朗　我認爲在固定的球數中增加這種機會，是一個強打者應該具備的天分。

——有沒有過因爲反應神經太好，本來要等好一點的球，身體卻不由自主揮棒去打的經驗？

一朗　有。原本不想打卻揮棒的狀況其實很多。腦袋明明決定不要打，身體卻覺得打得到，結果就揮棒了。這時候就算打出安打，也會邊跑邊想：「糟糕，竟然去打這個球！」不過，雖然這是不用大腦而是身體自然反應的打擊，但很意外的，打出安打的機率蠻高的。

——這麼說來，二〇〇〇年五月十三日，羅德隊投手後藤投了個指叉球打到地上反彈起來，一朗您想都沒想就把這個球打成了安打。

一朗 那就是身體不由自主打的安打。不過也有完全相反的情形，也有那種腦子告訴你該打這個球，身體卻不願意打的情況。

——這是爲什麼呢？

一朗 說起來很不可思議，有時候投手投過來的球實在太好打了，反而會怕，不敢出棒或者用力過度。故意投正中的好球，讓打者不敢去打，這大概是捕手想出來的危險配球方式，而不是投手吧。所以打者並不是在作一對一的對決，而是在跟兩個對手作戰。

——所以打者有時錯過正中好球，卻說：「我是故意放過這個球的。」這樣實在太牽強了。

一朗 與其說是故意放過，應該說是錯過了，根本沒必要裝模作樣。像我有時候看到正中好球投過來，心裡會想：「來打個全壘打吧！」這時通常無法很單純地出棒，反而因用力過猛打到球的下緣，結果變成捕手上方的高飛球。本來是打算把球打到中外野全壘打牆外的，結果卻只能望著正上方，很丟臉地被接殺出局。二〇〇〇年在歐力士隊打第4棒的時候，全壘打和捕手上方的高飛球之間，只有一紙之隔。

——成了西雅圖水手隊的球員之後，一朗您會不會將打擊能力再往上提升？

一朗 能夠實際覺得「這樣一來應該打得到了」、「總算能夠照自己的方式來打擊」是九九年四月的事。至於二〇〇〇年，則是眞的感到「終於穩固了一個打擊者的基礎」。我想今後我的打擊基礎應該會穩定下來，現在的課題是如何去適應大聯盟這個新環境。當然這個課題的內容是無限多的。

——爲了找到自己的打擊方式而吃了許多苦，九九年終於確立了打擊風格，總算開始覺得上場打擊是件快樂的事。一朗您於九六年開始想往大聯盟發展，到二〇〇一年終於轉隊成功的這段時間，不論想法還是打球的風格都截然不同了。

一朗 眞的是這樣！九九年是一個轉機，我挑戰大聯盟的動機有了決定性的轉變。以前想要去大聯盟的時候，是因爲實在吃了太多苦，想要逃避不論做什麼都不順手的狀況。只是想換個新環境看看罷了，以爲只要換了環境也許會有所轉變。可是現在已經完全沒有這種負面的想法了。只是單純想在高水準的大聯盟裡，好好表現自己掌握到的打擊技巧。現在想的眞的只有這樣。

對於日本的現況所抱持的危機感

——換個話題。之前請教您有關二〇〇一年夏天的事時，您曾說：「我已經盡力了，我已經沒辦法再取悅觀眾了。」這句話一直縈繞在我的腦海裡。就算是一朗您正朝著蟬聯七年打擊王以及打擊率4成的目標打拚的當時，主場神戶綠地球場也無法滿座。眞的很遺憾。勇於對決，把「讓觀眾欣賞自己的球技」當成動力的一朗，對於這幾年來，到球場看球的球迷越來越少，有什麼看法？

一朗　當然我很希望球迷可以實際來球場看我的表現，不管是以前的自己還是進化以後的自己。但是對於已經不再來球場看球的球迷，到底該做些什麼來吸引他們，我也想不出什麼好辦法。當然對於那些在乎球隊勝負的球迷來說，贏球是最有效的辦法。至於那些對一朗有所期待的球迷，如果他們覺得到球場看球也沒用的話，那我想我也沒辦法了，因爲我已經盡了我的全力在打球了。

——是不是歐力士隊的球迷已經習慣了蟬聯打擊王、挑戰4成打擊率的一朗您呢？難道球迷已經感受不到您的魅力了？

一朗　可是實際上來球場看球的球迷人數一直在減少。我甚至想過許多不可能的事，比如說如果我能打出4成5或5成的打擊率、50支全壘打的話，說不定球迷會願意來球場看球。或是如果我來當先發投手，還可以拿下10勝的話，也說不定來球場看球的球迷會增加。但是我想這只是一時的流行。熱潮消退後，大家馬上就會厭倦。想到這裡我就很難過。

——就算是努力想達成打擊率4成的一朗您站上打擊區，也沒辦法吸引滿座的球迷！

一朗　來球場看球的球迷的人數一直在減少。

——一朗您有沒有想過自己也是一種流行？

一朗　有的，九四年創下球季２００支安打的時候，來看我打球的球迷非常多。連冠軍已定之後，在東京巨蛋出戰日本火腿的消化性比賽，也是大爆滿。普通是不太可能這樣的。我也因此開始有了「絕對不要辜負來看我打球的球迷」這種強烈的想法。也許是因爲這個緣故，從第二年開始，我的壓力和緊張也越來越大。然而，經歷了阪神大地震，反而激發了球隊想奪冠的士氣，歐力士隊的戰績也扶搖直上。在我的心中，也開始覺得必須就此攀向顚峰，絕不能後退。但是九六年獲得日本職棒總冠軍後，來球場看球的球迷就越來越少。我當時就覺得：「個人的力量實在很渺小。」

——球隊裡其他的球員，是不是也和一朗您有同感呢？

一朗　這就不得而知了。

——您覺得這是您一個人的責任？

一朗　事實上，這幾年來我一直煩惱著「該怎麼做」。

——您甚至覺得是因爲自己的表現不好，球迷才不願意到球場來看球嗎？

一朗　的確有這麼想過。但是在此同時，我也會去想：到底球迷對我的期望是什麼？比如說我打了２１０支安打，球迷會想到球場去看第２１１支安打，這種心情我也很了解。

——不過，關心一朗您的棒球哲學，想看您打球的球迷應該會進球場看球才對。

一朗　來看球的球迷越來越少，我認爲有一部分原因是越來越多人對球員的期待已經超乎棒之外。

——把棒球球員當作英雄或是偶像的人越來越多了？

一朗 是啊！我想來球場看球的人之中，也有很多是追星族。不過，我們也可以這麼解釋，現在棒球界有一部分也是靠這些人在支撐的。有些人是因爲在電視上看到這些球員，所以想到球場去看看本尊。在球場的球迷當中，的確有人是用這種想法在看球的。如果連這些人也不來球場看球的話，觀眾豈不是更少？

——棒球的品質越來越低了是嗎？

一朗 嚴格來說的確是這樣。最近這幾年很多人都提到：「棒球的前途堪慮。」不過，這也不是現在才開始的事。棒球這種運動，已經有很長一段時間失去了新鮮感。球員和球隊早該察覺這件事的，然而他們看到球迷的人數還想說：「比足球還受歡迎嘛！」就放下心來了。

——像巨人隊是日本棒球界最大也最有影響力的球隊，不但很有錢，也擁有最多球迷，更是媒體的焦點。事實上，日本的職業棒球可以說是繞著巨人隊轉的，巨人隊也是棒球受歡迎的象徵。一朗您對於巨人隊的存在有什麼想法？

一朗 不論以棒球受歡迎的程度，還是以金錢的部分來看，我想可以說因爲巨人隊的存在，日本的棒球界才有辦法生存。我覺得連身爲歐力士隊一分子的我也是受惠者，我也能了解它偉大的地方。只不過我覺得，因爲有錢或是因爲有影響力，所以愛怎樣就怎樣的這種想法，對小孩子的教育不太好。

——是指靠錢到處挖球員這件事嗎？

一朗　不過，單就棒球的部分來說，不管是到處挖球員還是別的，我也認爲這是爲了贏球的手段，倒是沒什麼意見。我認爲像巨人隊這樣的球隊，的確有存在的必要。因爲有這種非常受歡迎的球隊，才會產生「反巨人」的現象。而且因爲巨人隊的存在，大家才會有求勝的鬥志。如果所有的球隊都是那種平凡的市民球隊，那就太無聊了。

——巨人隊是棒球界最需要的球隊。但是這種巨人式的偶像崇拜，是不是也是棒球品質低落的原因之一？

一朗　的確是一體兩面的。我當然知道球迷很重要。不過說得極端一點，現在棒球界的基本態度是「一場球賽只要有四萬人進場看球就不會賠錢了」。當然，球迷若能在球員中找到自己的偶像，用追星的方式看球也無可厚非。可是負面的是，像這樣的狀態持續下去，球員會把它視爲理所當然。本來爲了維持自己的人氣，就必須對球賽抱持著緊張感和危機感，但是我覺得大家越來越缺乏這種自覺。喜歡棒球這種運動的球迷，到球場看球是爲了親眼觀賞只有職業球員才有的球技。球員們也應該有身爲職業球員的自覺，展現優異的球技給到場的球迷看。如果大家可以在這種看不到的地方切磋琢磨，棒球應該會越來越有趣。現在的問題是，大家到底有沒有意識到這件事情？

——這眞的是很嚴重的問題。觀眾根本沒看到眞正有趣的棒球。

一朗 是啊！眞的很嚴重。我認爲這完全要看球員怎麼想。職業運動除了有一個絕對性的目的——贏球之外，還有義務讓花錢買票進場的球迷看到高水準的球技。可是這種意識卻越來越薄弱了。

——以前日本也曾有過很刺激的棒球。

一朗 的確有過。現在總覺得不對勁。我們必須先弄清楚，什麼樣的球技才能吸引客人？要做什麼事才不會讓看球的人覺得無聊？我覺得日本的棒球已經到了很危險的地步了。說眞的，我自己一直都是全力在打球，但是要說我有沒有享受棒球，其實並沒有。如果自己都覺得無聊了，那還能怎麼樣呢？

大聯盟球員的互相尊重

——現在的日本職棒，在一軍打球的球員，幾乎在大學或高中時就是明星球員。可是在美國，以大聯盟爲頂峰來看，球員的結構是成金字塔形的。必須經過菜鳥聯盟，1A、2A、3A的歷程，才能登上大聯盟。很少有球員可以一開始就在大聯盟亮相。所以球員才會不顧一切地精進自己的球技。日本的球員如果對正面迎戰有所畏怯的話，那是不是就不需要卯足感情去應戰了呢。

一朗 雖然很遺憾，但我想你說得對。實際來到這裡才知道，日本和美國眞的有很大的不同。現在在大聯盟大放異彩的球員們，幾乎都是經歷過一段很苦的時期，是生存競爭的勝出者。雖然裡面也有些人從一開始就是菁英階層，沒有經歷過低人一等的辛苦，但大多還是在生存競爭下存活下來的球員。一旦升上大聯盟，又經歷了與過去不同水準的棒球，通過了考驗。我覺得大家都對於這些從底層爬起來的球員，給予最大的敬意。年齡或經驗完全無關，球員也尊敬其他球員，也願意稱讚對方。我想大家能夠向對方表達敬意的原因是，所有的球員都知道能夠爬上來是多麼辛苦的一件事。就是因爲球員能眞心地互相尊重，球技與實力才能夠互相抗衡。

——一朗您不正是從底下爬上來的球員！選秀會是第4輪才被選上，進入球隊後也必須從二軍開始出發。

一朗 現在發現，這對我是不可多得的經驗。

——不知道有沒有什麼方法可以改善這種鬆懈的氣氛？

一朗 要改變球員們的想法眞的很難。想要完全消除這種氣氛是不太可能的吧！還不如從改變今後要進入職棒界的年輕一代的想法著手。

——您的意見很嚴格。

一朗 這種嚴格也適用於我自己。可是，若不嚴格一點，眞的會墮落到底。比如說，如果狀況不好，只能發揮50%的實力，那就努力將這50%全力發揮出來。只要能這麼做，便可以看到一線曙光。將力量全部發揮出來是一件難事，可能會痛苦得支撐不下去，可是若因此放棄，那就全完了，沒資格當一個職業球員。

——跟那些從最底層爬起來的大聯盟球員一樣吧！

一朗 是啊！我好像說了些自以爲是的道理，但我自己是完全相信這些道理的。以前也曾有「今天狀況不好，稍微混一下吧」這樣的想法，也曾想要過得輕鬆一點。可是如果眞的這麼做的話，像我這樣的球員眞的會完蛋。不想辦法往上面爬，就無法發現屬於自己的棒球。我想我早已發覺了這個道理。

——也就是拒絕逃避吧？

一朗 我想我痛苦掙扎時的樣子，是很醜陋的，甚至不願意被其他的球員或球迷看到。不過，要是不把這個樣子攤在大家面前，努力地往上爬，就無法提升到更高境界。

——您即使是如此痛苦地在掙扎，卻還能創下這麼高的打擊率，就是因爲像這樣不停地挑戰自己的關係。爲了戰勝自己，作了比一般人更多的練習量。

一朗 所以我一點都不覺得自己作了那麼多練習。

——腦子裡只有棒球的事吧。

一朗 結婚以前，腦子裡眞的是無時無刻都想著棒球的事。從球場回到宿舍的房間，想的都是要怎麼樣才能打出更多安打。那可是很辛苦的。自從結了婚，和太太住在一起後，就不再把棒球的事帶回家了（笑）。因爲我會在回家的車上先把自己的心情整理清楚。我太太總是可以讓我放鬆心情。

——相信一朗您對棒球的熱情，一定會傳達給很多球迷的！

一朗 是嗎？一部分的我希望越多球迷知道我的苦心越好，另一部分的我卻覺得這本來就是我應該做的事。不過，我還是希望球迷們能了解我。不管是怎麼樣的苦法，每個人的人生中一定會碰到某些瓶頸。我很高興讓人覺得：「這傢伙也是有在努力的啊！」職棒球員這個職業，靠的是大家的支持，也具有一定的影響力，所以怎麼可以是隨便混也過得去的環境。我自己因爲非常喜歡棒球，所以從來就沒有把它當成一種工作。

——一朗您進了水手隊，如果整個球季下來能交出一張漂亮的成績單，除了現役的球員，今後的年輕球員說不定也會開始以大聯盟爲目標。我想這一定是件很棒的事情。可是也有些評論家認爲：「這樣下去，日本職棒會淪爲大聯盟的二軍。」您對這種意見有什麼看法？

一朗 我認爲能挑戰世界水準是件很有意義的事。日本的職棒球隊確實有可能淪落爲大聯盟二軍這種處境，球員的流失也是很大的問題。不過，我想這都是暫時的。如果每個球員去體驗大聯盟的棒球，棒球的內涵也會越來越有趣。在大聯盟學到的棒球技巧，總有一天會回饋到日本的職業棒球上來。假如眞的發生了這種趨勢，對日本也不是件壞事。如果可以看遠一點，絕對不是一件負面的事。

——體驗了大聯盟的棒球，也可能掀起日本職棒球員的意識革命。

一朗 是啊。照現在這樣下去的話，日本職棒將無法突破目前所面臨的瓶頸，也可能就停滯在現在的狀態。可是，只要越多球員進入大聯盟，就算暫時會產生消沉的現象，總有一天會變成順風，成爲日本職棒回溫的大補丸。我是這麼認爲的。

——這種心情、想法是否就是一朗您挑戰大聯盟的原因之一？

一朗 也不完全是這樣，不過，有一部分的確是的。

轉隊爲止的經過

與恩師仰木彬總教練的二段對話

——二〇〇〇年十月十二日，一朗您宣布要以「競標制度」轉隊到大聯盟時，我一方面感到無可言喻的興奮，一方面也想到：「在一朗的身邊，一定發生了什麼重大的變化。」因爲在九九年球季結束後的訪問裡，一朗您很清楚地說了以下的話：「雖然我一直有挑戰大聯盟的意願，但是也覺悟到現在還無法成行。以現在的情形來說，要等到二〇〇一年取得自由球員身分以後。」可是一朗您的挑戰大聯盟比預定早了一年，在二〇〇〇年球季結束後就實現了。是不是事情發生了什麼重大的變化呢？

一朗 正是如此！事態有了連自己都無法置信的轉變，所以才能在取得自由球員身分前，就用「競標制度」這個方法轉隊到大聯盟。

——是嗎？那麼請一定要告訴我事情的經過！首先，時間回到稍早，一朗您在九九年八月就決定當年球季結束後不去大聯盟對吧？

一朗 九九年球季結束後轉隊到大聯盟，我是徹底死心了。雖然九六年的時候，我就已經跟球團傳達過想挑戰大聯盟的想法，但是在九九年當時，這個想法比以往更爲強烈。老實說，那時甚至覺得：「要去的話就是現在！」可是這個願望卻無法達成。

——當時已經引進所謂的「競標制度」，大家都傳說一朗您將成爲第一個適用這個制度的球員。

一朗 我那時也想，如果這樣的話就太理想了。只要跟球團討論，得到球團的同意，就可以透過正規的手續前往大聯盟。

——可是事與願違。九九年球季結束以後，讓您死心的決定性原因，是不是和球團討論的結果？

一朗 當然和球團有關，但最重要的因素是來自於仰木總教練。我從以前就告訴球團「想去大聯盟」，也討論過許多次。我自己也覺得球團是很有誠意在討論是不是讓我去，甚至曾經跟我說：「想聽聽你最終的決定。」在這樣的情況下，我也期待著球團會去和仰木總教練討論有關我轉隊的問題。

——但是仰木總教練根本不知道。仰木總教練完全不清楚一朗您的想法嗎？

一朗 大概吧！我想他大概只知道我很嚮往大聯盟。九九年八月某一天，總教練也沒事先約好，就突然跑來找我，說有事要跟我談。

——那時總教練說了什麼？

一朗 我那時正在常去的餐廳裡吃晚飯，總教練突然來了，一個人像機關槍似地講了起來。總教練說：「只要我當總教練一天，就不讓你去。」還說：「絕對不准！」總教練從球團那邊聽說了我的想法。他來找我的目的，就是告訴我：關於去大聯盟這件事就是「ＮＯ」。

——當下一朗您是怎麼想的？

一朗 首先，我並沒有因爲被拒絕而感到很震驚，反而是安靜地聽總教練說的話。總教練說：「留下來和我一起打拚」、「你是我絕對需要的球員」之類的話。被他這麼一講，我的心裡就難過起來。我進到球隊的第三年還在二軍，好幾次懇求總教練讓我先發，總教練也接納了我，所以我才會有今天的成就。被總教練這樣慰留，我的心裡很掙扎，總覺得太對不起他了。

——總教練的慰留，使得一朗您不得不打消原意。

一朗 我是總教練培養出來的球員，我實在不能不聽他的話。我心想：「不能無視總教練的存在，就這麼去了大聯盟。去挑戰大聯盟的事等取得自由球員身分以後再說吧。」再說，我希望自己去大聯盟的時候，是在得到大家贊同的情況下去的。我不能背棄從以前就一直爲我加油的球迷，以及在背後支持我的球團的人。結果最後球團給我的回答是「不同意轉隊」。

那時我馬上就放棄了。

——當時心情完全沒有動搖嗎？

一朗 說完全沒有是騙人的吧。確定決定的事情就立刻行動是最理想的。因爲想法是會變的。講得極端一點，誰知道二、三年後，想法又會變得怎麼樣呢？實際上，過幾年後自己到底還是不是球員都不知道呢！雖然不至於到不安的地步，但我眞的覺得：「還要等二年，眞是一段不短的時間。」不過，這種心情也是暫時的。在宮古島舉行的春訓營開始沒多久，二〇〇〇年二月中旬，我就又能夠將精神集中在接下來的季賽上了。

——之後，有關轉隊到大聯盟的事就完全沒人提起了嗎？

一朗 周圍的人，包括我自己都閉口不提這個話題。因爲我身爲歐力士隊的一份子和大家一起打拚，而且又有了新的目標。

——第一次打第4棒，還要挑戰打擊率4成。

一朗 是的。我自己並不太刻意去追求數據，只是覺得自己的打擊率應該可以逼近4成，所以自然而然的精神也集中了。

——那麼轉隊到大聯盟這件事到底是什麼時候開始運作的？

一朗 二〇〇〇年八月下旬，我因爲右側腹部受傷沒有上場。我覺得事情就是那個時候突然動起來的。

——就因爲那個受傷?!

一朗 是啊!醫師的診斷是一個月才能完全復原，這段時間都不能打球。

——那麼，我再從頭開始請教您踏上大聯盟之路的經過。首先，開端是八月二十七日在綠地球場，對羅德隊第22場比賽。一朗您在第3局、第2次上場打擊時，被投手清水直行三振。這個三振之前是一個快速球，在將它打出界外時，您的右側腹部受傷了。經診斷是右腹斜筋挫傷。根據後來的報導，其實前一天就已經覺得不太對勁了。實際上情形如何?

一朗 那個傷並不是突然發生的，二、三天前我就有感覺了。只是那個地方我是第一次感覺疼痛，所以也不知道該怎麼辦。應該是八月二十六日，我們從北陸遠征回到神戶的第二天，就覺得有點腫腫的。前一天晚上原本想到宿舍的運動器材室去動動筋骨，但因爲跟別人約了吃晚飯，結果吃得太晚拖到半夜，沒辦法到宿舍的運動器材室去。我這個人一天不運動就渾身不舒服，所以回家後就到附近去跑步。我在神戶住的地方離山很近，附近都是陡坡。球季結束後我常常跑山坡路自我鍛鍊，但球季中就很少了。剛遠征回來當天，又是在深夜跑山路，大概對身體造成了很大的負擔，第二天二十六日，右邊的側腹部就腫了起來。原本以爲作些伸展運動大概就沒問題了，沒想到一直沒有消腫，比賽時也隱隱作痛。於是二十七日第2打席的時候，果眞受傷了。如果我曾經有過像那樣側腹部筋肉腫脹或不舒服的經驗，絕對能夠事先預防的。但是這完全是第一次，雖然心裡怕怕的，還是照樣練習、比賽，這就是事情發生的原因。

——打出擦棒界外球的瞬間，突然感到劇痛……。

一朗 是將滑球打出界外的時候。雖然不是痛到沒辦法呼吸，而是「糟糕！受傷了！」那種痛。

——是擊球瞬間發生的意外。

一朗 的確是在會影響揮棒的地方（右腹斜筋）受了傷。

——第4局還有上去守備吧？

一朗 結果來了個右外野飛球。因為是右側腹部，所以還可以接球，但是要把球回傳時，手腕卻抬不起來。我心想：「這下不妙。」就在途中換人，馬上到醫院去接受檢查。

——檢查的結果如何？

一朗 經過ＭＲＩ（核磁共振）檢查，原來是筋肉發炎，骨頭倒是沒有傷到。

——您那時有預感可能無法在球季結束前回到球場上嗎？

一朗 不管如何，受傷的部位是第一次傷到，症狀到底是輕是重也不知道。聽人家說傷到這裡會拖很久。我也問了側腹部受過傷的球員，從來沒有人傷到這個部位，能夠在一、二週內完全復原的。他們還建議我說：「急不得，否則會更惡化。」那時我就有心理準備，在完全治好之前是不可能回到球場上了。

——二〇〇〇年球季前，爲了挑戰從來沒有人到過的領域（打擊率4成），您進行了身體的改造。是不是太勉強自己的身體了？

一朗 我想和這個無關。讓我體會最深切的還是必須注意移動日怎麼過，以及鍛鍊的方法。球季結束後的身體狀況和球季中是完全不同的，必須去了解自己身體的極限。一年之中，夏天快結束的時候大概是體力上最吃緊的時期。雖然不敢說最好，但那個球季是我確立了自己「打擊技術」的球季，也因此，我當然有絕對的自信，後半段自己的狀況會越來越好。不管怎樣，是我太輕忽那個腫脹的結果。

——那時您的打擊率是3成87。對於以4成爲目標的一朗您來說，被登錄到傷兵名單，發現自己在球季中無法回到場上時，會不會覺得很不甘心、很後悔？

一朗 當然很不甘心。可是如果太勉強，受傷會拖更久。身爲一個球員當然希望越快復原越好。不過，爲了身體著想，我覺得我那時的打擊率還沒有達到4成，是件很幸運的事。

——很幸運？

一朗 假如我那時打擊率已經在4成以上，別人搞不好會說我是爲了維持這個打擊率而裝病。像這種話對我來說是很大的傷害。所以如果我當時的打擊率已經達到4成，我想我應該會抱傷上陣。這樣勉強自己之下，傷可能會更嚴重，甚至影響到下個球季。

——被人說「爲了維持打擊率4成所以裝病」，的確是很大的傷害。不能上場，除了接受按摩、吃消炎鎮痛藥等等的復健之外，那時您心裡想的是哪些事呢？

一朗　最重要的當然還是養傷。但時間多出許多，也增加了與身邊的人對話的機會。和仰木總教練及岡添總經理談了很多，尤其是和總教練。

——到了九月，球團老闆宮內先生和球團代表井箟先生宣告「一朗不會轉隊到大聯盟」。在已經覺悟必須用自由球員身分轉隊的一朗您身上，發生了什麼樣的變化呢？

一朗　對於轉隊到大聯盟變得更積極的原因，與其說是我自己有了什麼變化，還不如說是因爲仰木總教練的一句話。受傷後沒多久，我被仰木總教練叫去，我和我太太跟他去吃飯的時候，他竟然對我說：「去挑戰（大聯盟）也沒什麼不好。」我和我太太都非常吃驚，因爲以爲他一定又會跟我說「不行」。對我來說，總教練的同意是轉隊的絕對條件，所以我想：「既然總教練都說OK了，那我就再積極地試試看。」

——總教練爲什麼會突然說出贊成你去大聯盟的話來呢？

一朗　當然，也許那只不過是吃飯時對話中的一句罷了。後來在別的場合再見面時，總教練又對我說：「你還是不要去（大聯盟）好了。」

——總教練的心情還搖擺不定吧？

一朗　也許吧！可是總教練一開始對我說的話，的確激勵了我。我強烈意識到，不管是在精神上還是肉體上，「現在」就去是很重要的。

——所以把一年來塵封的想法再次作了確認。

一朗 是的。

一直想避免的「倒數計時」

——後來有繼續和球團交涉嗎？

一朗 我一直跟球團表達想轉隊去大聯盟的願望。球團雖然沒有很明確地答應，不過我覺得好像有軟化的傾向。

——原來是這樣啊。在年度簽約的時候，一朗您拒絕了球團所提出的複數年契約，只簽了一年約。這很明顯地表示了「取得自由球員資格前往大聯盟」的意願，球團也因此確認了一朗您的想法。結果就是提早一年採用了「競標制度」。

一朗 的確是這樣。這個決定是針對二〇〇一年球季結束後取得自由球員資格，幾乎確定會轉隊到大聯盟去的人。也許是想避免影響周圍的人吧。

——影響周圍的人？是指二〇〇一年球季將會變成前往大聯盟的倒數計時嗎？

一朗 是的。就算我自己沒有這種意思，但球迷們應該會把我視爲將要離開球隊的人。這種想法在隊友之間也會擴散開來，這樣子就沒有了一起打拚的氣氛了。

——本來應該是一起為球隊的勝利打拚，卻可能常被說成「一朗距離大聯盟尚餘幾場比賽」之類的。

一朗 像這種情況，光是想到就很難過了。

——那是什麼時候作了最後的決定呢？

一朗 總教練向我作最後的確認是在九月下旬。總教練和球團確定了我的意願後不久，就開始準備轉隊的事宜了。

——在確定要轉隊到大聯盟去的時候，您的太太弓子夫人說了什麼？

一朗 因為這整個過程她都跟我一起參與，所以就好像是自己的事一樣為我高興。

——弓子夫人什麼時候開始知道一朗您的目標是大聯盟？

一朗 前往大聯盟的夢想，其實在還沒有告訴任何人之前，我第一個就跟她說了。那時我們還是朋友，結婚更是完全沒想過。我告訴她：「我想到大聯盟去打球。」她對我說：「你應該走自己想走的路。」雖然只要是我想去的地方，不管誰說了什麼我還是會去，但總希望有人在我背後推我一把，而那個人就是她了。

——弓子夫人贊成您去美國的時候，很高興吧？

一朗 是啊！現在想起來，就是希望她這麼說才告訴她的。

——在論及婚嫁以前，弓子夫人對一朗您來說就已經是特別的存在了。

一朗　不管是棒球的事還是女性朋友的事，我都會跟她說，對她從來沒有隱瞞任何事。因爲和她的對話，才有今天的我。

——所以結婚的對象除了弓子夫人再沒有別人了。

一朗　從認識以來，我什麼事都找她商量，所以我知道她是完全了解我的人。結婚以後，家裡的事也全盤交給她處理，我才能在外面自由地做自己想做的事。能有水手隊的一朗，完全是她的功勞。我太太其實是幫助我達成夢想的其中一人。

——這眞是爆炸性的告白！

一朗　如果我不是這麼想的，怎麼可能跟她結婚（笑）。

——來西雅圖後，弓子夫人過得怎麼樣？

一朗　雖然好像變得很忙，但其實跟在日本時完全沒有兩樣。她是一個很沉著的人，對自己很有信念。如果她厭倦了在美國的生活，我離家出去遠征時就會不安，也會增加我精神上的負擔，但是完全沒有。

——反而助了一朗您一臂之力。

一朗　正是如此。

——然後，十月十二日舉行了記者發表會。令人印象最深刻的就是「如果抱著混不下去就回日本這麼軟弱的想法，是沒辦法轉隊到大聯盟的」這句話。

一朗　如果沒有這樣的心理準備，絕對無法下定決心轉隊。

——您還說：「對於球迷，心情很複雜。」

一朗　除了感謝之外，由於我離開了歐力士隊、離開了神戶這個城市，當然也會覺得很抱歉。

——您是什麼時候告訴雙親要轉隊到大聯盟這件事呢？

一朗　球隊作出最後決定之後不久。我在九六年開始有轉隊去大聯盟的念頭時，就已經告訴家父我的想法了。那時我說：「即使現在，我也已經作好了心理準備。」所以這五年來家父好像也想了很多。最後他對我說：「人生只有一次，想做就去做吧！」當然，我的目標實現的那一刻，家父的心情想必很複雜吧！

——你們曾經討論過這件事嗎？

一朗　有啊！家父剛開始是說：「爲什麼是現在？」還說：「不是再過一年就取得自由球員的身分嗎，爲什麼不能再忍耐一年？」家父的心情我也很了解，但我還是對他說：「現在總教練、球團、公司都說ＯＫ了，如果我留下來，最後這一年會被人說成明年要去大聯盟的預告，這對我來說是很難受的。」可是家父好像始終無法理解這種心情。

——令堂對轉隊到大聯盟又是怎麼想的呢？

一朗　家母雖然擔心身體或吃飯的事情，但跟我太太談過以後好像就安心了。後來還很開心地跟我說：「要保重身體喔！」

超乎想像的命中注定

——十月二十五日，在綠地球場的最後一場比賽來臨了。

一朗　我還在想，如果看台上空蕩蕩的就太淒涼了。結果是滿場，我眞的很高興。

——第9局上去守備，然後比賽結束。仰木總教練說完球季結束的感言，全體球員離開休息室後，一朗您再度上場，投球給看台上的觀眾。大螢幕上播放著您首次在一軍亮相以來的影像，背景音樂是抒情歌。那時一朗您的眼眶都紅了。

一朗　我覺得那個音樂是一大敗筆。如果放的是歡欣一點的曲子，就不會變成那種氣氛（掉淚）了，好像是連續劇的最後一集似的。我比較希望的是大家又笑又叫地對我大喊：「好啊！一朗，加油！」這種感覺。說來說去，都是那首曲子害的（笑）！

——雖然沒有華麗的演說，但那個儀式可正是符合一朗風格呢。最後一場球賽結束，接下來就是等待競標的結果了。從八月二十七日，因爲右側腹部受傷而無法打球以來，每天都過得很刺激。

一朗　完全超乎了自己的想像。

——假設那時沒有傷到右側腹部，可以把整個球季打完的話，不知道事情會變得怎麼樣。

一朗 事情就不會發展成這樣了吧。第一、我沒時間和總教練及球團溝通。而且如果不是總教練的那句話，我也不會對轉隊到大聯盟這件事採取行動，球團也不會開始認眞考慮讓我轉隊吧！

——如果沒有受那個傷，轉隊的事應該還會拖一年以上吧。

一朗 是的。所以我把它當作是注定好的。

——像是命運這類的嗎？

一朗 是的。我深深覺得這是人無法掌握的，是冥冥中自有安排的。而且如果不這麼想的話，有些事就做不了了（笑）。

——另一方面，日本的職棒球員都是自己跟球團進行交涉。當然，最近幾年，越來越多人在談年薪的時候，會帶著律師一起來。可是在大聯盟，與球員利益相關事宜的交涉，都完全交給經紀人。一朗您很自然就接受了這種制度嗎？

一朗 既然在大聯盟這是理所當然的事，我當然是毫無異議就接受了。這個制度創造一個讓球員的心思能集中在球場上的環境，對球員是很有幫助的。或許這種制度的存在，也正是大聯盟偉大的地方之一吧。

——一朗您的經紀人是Tony Attanasio先生。您是怎麼選定經紀人的呢？

一朗　球季結束後，Attanasio先生曾經來日本和我談過，我對他蠻有好感的。

——Attanasio先生也是佐佐木主浩的經紀人吧？一朗您跟他簽約最重要的理由是什麼呢？

一朗　我是根據經紀人做事的原則來選擇的。他是只想賺錢呢？還是爲了協助球員並能讓球員的家人安心呢？我覺得Tony是後者。再加上他和大聯盟多數球團的交涉能力頗受好評。

——簽約後，工作進行順利嗎？

一朗　Tony的公司裡沒有日本員工，言語不通，工作進行的方式當然也不同，所以透過翻譯對話，或用傳眞聯絡時很累人。不過，也只有這些部分，其他地方完全沒問題。

——經紀人也決定了，在等待競標的這段時間裡，您都在想些什麼事？畢竟您是第一個採用這個競標制度進軍大聯盟的球員。

一朗　我覺得可以遵循這種正式的管道來運作是件好事。不過，我一整天都在想著：「萬一沒有人來競標的話怎麼辦？」當然我也不是完全沒有自信，我想應該會有人要吧！但心裡也一直想著：「實際的情況到底是怎樣呢？」

——連一朗您都抱著這種心情。

一朗　當然了。

——即使體育報上都列出了這麼多想要的球隊？

一朗　那些消息不能相信，因爲並不是我直接聽到的啊。參加競標的球隊相關情報是完全不公開的。

——二〇〇一年十一月九日，報導說到截止日爲止，有十五個球隊參加競標。不過球隊的名字還是沒有宣布。

一朗 這是最興奮的時候。不管如何，我很感動有球隊參加競標。另一方面也很高興：「這下子可以繼續打棒球了。」

——後來宣布轉隊費，也就是最高的競標金額。大聯盟透過日本職棒主席傳達給歐力士隊的金額竟然高達一千三百一十二萬五千美金（約日幣十四億圓）。

一朗 聽到這個金額時我也嚇了一跳，連話都說不出來。

——過了不久，水手隊就宣布「取得一朗選手的轉隊交涉權」。是您最希望得到的結果。

一朗 是的。

——比誰都早從一朗那裡聽說他決心要到大聯盟發展的弓子夫人，在得知確定轉隊到水手隊的那一瞬間，有什麼感想？

弓子 我很高興。我一直在他身邊看著，我知道他是多麼想要到大聯盟去，所以眞是太好了。我也很了解，能夠提早一年實現這件事對他來說有多重大。能夠透過競標制度加入想去的球隊，眞的很令人高興。當然，在事情決定前也經歷了很多很辛苦的過程。我想的只是去理解並支持他去達成他的目標。另外，也對一直鼓勵他、支持他的人們充滿了感謝的心情。

——您和一朗是怎麼慶祝的？

弓子　正式簽約時，兩個人開了瓶紅酒乾杯，互道恭喜。只要有值得高興的事，不管是什麼小事，我們都會邊喝紅酒邊聊。

——以前就聽您說過「喜歡水手隊」。爲什麼想到水手隊去？

一朗　因爲他們和歐力士隊有合作關係，雖是大聯盟球隊，但資訊很容易取得。九九年我也參加了他們在亞利桑那州的春訓營，他們不但尊重球員，職員對人也很熱情，這個部分很吸引我。再加上我既然是第一個去大聯盟的日本人野手，當然會有很多日本媒體來採訪，那時要怎麼對應也是很重要的。還有，我覺得必須對日本人具有「免疫力」。以前鈴木誠（Mac Suzuki）也待過水手隊，佐佐木主浩也在去年球季加入，所以我比較放心。如果這個球隊完全不了解我和日本媒體之間的關係，可能會發生不得了的混亂。這是我將水手隊放在第一志願的原因。

——像您從小最喜歡中日龍隊一樣，您有特別喜歡哪個大聯盟球隊嗎？

一朗　這倒是沒有。不過，水手隊的球衣很帥氣，以前曾覺得「眞想穿穿看」。

——完全可以理解。的確，一朗您和水手隊的球衣很速配。話說回來，十一月十六日，水手隊的執行長Howard Lincoln、球隊總經理Chuck Armstrong，還有一朗您的經紀人Tony Attanasio來到日本，開始交涉契約的事。當時的情況如何？

一朗 他們第一天來向我和我太太打聲招呼，大概談了三十分鐘後就離開了，接下來的交涉就完全交給經紀人去處理。

——交涉當時一朗您不在場嗎？

一朗 當然不在場。我這邊的期望都已經和Tony討論過了，接下來只需聽結果。

——聽說一直到簽約為止，一共花了三天、二十個小時交涉。是不是在契約年數、年薪方面花了很多時間討論？

一朗 有關契約年數的部分，我們這邊提出的是三年契約，比對方所提出的條件短，可是應該沒有什麼問題。時間花得比較多的是年薪的部分。因為我不是投手，又是大聯盟球隊第一次和野手簽約，也許雙方都在探索折衷的金額吧。透過競標取得交涉權的球隊，在與球員交涉的階段，並沒有別的球隊參與競爭。

——換句話說，球員可以去的球隊，就只有獲有交涉權的球隊而已。

一朗 正是如此。所以這也許是想透過競標制度轉隊的球員必須先想清楚的。

——接著在十一月十八日，終於正式談妥契約內容，十天後您就飛到西雅圖去簽約了。

一朗 那時候眞是一陣手忙腳亂。

——從搬家到準備開始新的生活，一定很辛苦吧？

弓子 是啊！事情接踵而來，幾乎沒有時間思考。必須完成的事，時程也自然地決定下來。

到從沒去過的西雅圖找房子，實際上搬家也比想像中還要麻煩。但是那時甚至連覺得累的時間都沒有。感覺好像突然間人就到了西雅圖，開始了新的生活。

——都是弓子夫人一個人在手忙腳亂（笑）？

一朗　其實眞的是這樣。我受的傷已經漸漸好了起來，也想根據自己的身體狀況開始投入練習，每天都確實騰出時間作訓練。雖然必須接受水手隊入隊的體檢，但跟她比起來，根本太輕鬆了。

——一朗您好像再怎麼樣都想繼續練習。

一朗　因爲受過傷，所以我迫切地想讓身體盡快恢復到原來的狀況。前年我的手腕曾經骨折，那時我盡可能的休息，結果春訓營的時候，身體就不聽使喚了。那時眞的很著急。肩膀好像不是自己的，球都投不出去。像那樣的事我不想再經歷第二次了。這次也休息了很長一段時間，可能又得抱著不安的心情迎接春季的到來。所以我希望將自己的狀況恢復到百分之百的狀態再休息。在交涉合約的那段時間，剛好是將身體狀況調整到勉強可以上場的時期。總之，這是我的首要目標。因爲在出發去西雅圖的時候，我的狀態就已經恢復得相當好了。

出發至西雅圖

——您與弓子夫人一起飛往西雅圖簽約。實際上是怎麼樣的情形？

一朗 Howard Lincoln執行長、Chuck Armstrong總經理、水手隊的遠東地區球探Ted Hyde，還有翻譯末吉英則先生一起在會議室裡，然後我在合約書上簽字。

——簽約時，弓子夫人您好像也在場。

弓子 是的。在美國，夫婦一起到場簽約好像是理所當然的。我覺得應該照美國的方式，所以就一起去了。

——合約書是否親自過目？

一朗 有，因爲是英文的，所以請翻譯用日文解釋給我聽。

——上面有哪些項目？

一朗 是沒有什麼嚇人的事，不過倒是很仔細。像「房屋津貼多少錢」，或是「搬家費最多補助多少錢」之類的。還有，在球季結束後禁止從事哪些運動也都有寫明。

——也就是規定很嚴謹，沒有含糊不清的地方。

一朗 是的。像滑雪、滑雪板都是禁止的，還有水上運動也不准。

——其中沒有一些比較驚人的條款嗎？

一朗 我覺得比較厲害的是一種「暫時不付」的制度。我眞的很驚訝！也就是可以將簽約金額裡幾個百分比的錢存起來，在不打棒球以後，再分幾十年付給球員。簡單來說，就是把本來可以先拿到的錢交給球團管理，等到球員退休後，再分別支付給球員。

——這就好像是大聯盟球球員的「年金」制度。

一朗　是的。不過，只要你說想先拿，就會全額付給你。美國的球員幾乎每個都是先拿。我倒是採用了這個「暫時不付」的方法。

——大聯盟的球員領那麼多年薪，也是拿了就花掉嗎？

一朗　有一次我問過長谷川滋利（當時安納罕天使隊，現已退休），他說有些球員甚至完全不存錢，拿到錢就馬上花光。

——對了，美國人很喜歡儀式吧。爲了迎接一朗，也準備了許多儀式，像ＮＢＡ西雅圖超音速隊的開球儀式。

一朗　我覺得這眞的很美國。我甚至想，會不會做得太過火了？當然，超音速隊的朋友眞的很熱情地爲我加油，讓我很開心。美國眞的很會玩這種花樣，知道怎麼去鼓舞球迷。

——說起來，十二月一日的加盟記者會場面也很盛大。您也說，那時候的心情彷彿「置身電影裡」。

一朗　總覺得那個場景一點都不眞實。

——好像電影裡的主角？

一朗　嗯！是啊。

——帶著弓子夫人一起在Safeco Field拍紀念照，也是很美式的作風吧？

一朗 最先想到的是盡量配合這邊的作法。像拍照也是一開始人家就跟我說，夫妻一起比較自然。來到美國以後一直都是這樣。既然入鄉就要隨俗，我想盡可能照美國人的方式來做。

——在日本，大家會說：「不要把家裡的人帶到工作場所來。」

一朗 是啊！在日本的話，絕對不會做這種事。在美國，帶著自己的太太出席各種場合是很正常的。沒帶的話，說不定還會被問說：「您夫人是不是身體不舒服？」

——弓子夫人覺得紀念照怎麼樣？

弓子 老實說，我很開心。雖然有點不好意思，不過，心裡眞的很感謝大家這麼熱烈的歡迎。他在日本雖然有不錯的成績，可是在美國還只是一個未知的球員。對於這樣的球員，能夠表達這麼大的敬意和歡迎，我們非常高興。

——必須身處在那個情景下，才能感覺到那種氣氛吧？

弓子 是啊！我在交涉合約的階段就一直感覺到，水手隊的人對於想挑戰大聯盟的球員很尊重，並且表現出歡迎之意。令我高興的不是儀式是否盛大，而是他們的心意。

——在那個記者會上，一朗您充滿了自信地說：「如果說有令我不安的事，那也是在球場外。」

一朗 我每天都可以感覺到，住在這個城市、打從心底熱愛水手隊的人們，很期待我的表現。以我的個性來說，那些給我好評價的人，會給我很大的力量，驅使我拿出更好的表現來報答他們。我加入歐力士隊的第一年，曾經有過這麼一件事。不知道是哪家報紙的記者寫了一篇文章說：「鈴木一朗這個球員，只要持續給他上場的機會，總有一天，他必會拿下打擊王。」我根本不認識這位記者，連見都沒見過，但心裡有一個想法就是：「我要讓這個人開心。」像這樣的人，即使只有一個，都會讓我很高興，並且銘記在心。實際上，當我成爲打擊王時，第一個想到的就是寫那篇文章的記者先生。

——那位記者看到這一段，一定很感動，說不定現在馬上就跳出來說是他寫的（笑）。離開生活了很久的神戶，搬家到西雅圖，一朗您喜不喜歡這個城市？

一朗 城裡風景很優美，從我的公寓可以看到華盛頓湖。除了冬天常常下雨之外，氣候非常好，人情也很溫暖。聽說來 Safeco Field 看球的球迷也很有禮貌。

——實際開始在西雅圖生活，有沒有感受到住在國外那種壓力？

一朗 英文都還不會講，壓力當然很大。在想不到的地方有很多事情必須花心思，想法和禮儀也不同。不過，就算有些壓力，我覺得也蠻有趣的。這樣才有眞正活著的感覺吧！那種完全感受不到緊張與興奮的日子，還是以後再說吧。當然我也有心理準備，今後會很辛苦。但實際上，期待的成分還是大得多。我很希望能多多體驗、累積各種經驗。

——弓子夫人也是第一次住在美國吧？

弓子 是的。

——跟來這邊旅行完全不一樣吧？西雅圖的生活怎麼樣呢？

弓子 當然因爲語言不同或習慣不同，有些地方很傷腦筋，每天都有不少令人驚訝的事。若說這些不會造成精神壓力是騙人的，但是我心裡反倒覺得這是很新鮮的經驗，所以一點都不感到苦。

——會不會覺得累？

弓子 現在還好。球季開始前有很多事要忙，一直都處在緊張的狀態。我想接下來可以把步調放慢一點。

——您對這個城市的印象如何呢？

弓子 我覺得這是個很美的城市。尤其是綠地及湖泊令人印象深刻，是可以讓人放輕鬆的地方。在這裡認識的人都很溫暖親切，也令我鬆了一口氣。

——來到美國以後，一朗的狀況如何？

弓子 心情很輕鬆愉快。當然，在大聯盟打球不可能沒有壓力，但比起在日本時神經兮兮，隨時都得提防是不是有人在看我們，他應該覺得很安穩。

——在日本，雖然只是棒球球員，但受歡迎的球員會被當作藝人來看待。在一朗的身邊，總會引起一陣騷動、尖叫。

弓子 雖然很感謝大家的重視，但是一方面也覺得精神上的壓力越來越沉重。就連坐在車上碰到紅燈也會被大家窺看，一發現他是一朗本人，就開始跟在後面。爲了不要太顯眼，我們也想了很多辦法，不過最後還是會被發現。

——日本和美國對待運動選手的方式很不一樣吧！

弓子 我想之後就會慢慢了解，至少現在是從這種壓力裡解放出來了。

——一朗在家裡是什麼樣子？

弓子 跟在日本一樣啊。

——聽說結婚前他一個人住的時候，不但自己打掃、洗衣服，喜歡的T恤甚至會用熨斗燙好。

弓子 這我沒辦法想像耶。現在是衣服脫了就直接丟在那裡（笑）。

——從弓子夫人的角度來看，身爲大聯盟球員的一朗是怎麼樣的呢？我想一定有一些只有身爲太太才知道的部分。

弓子 他在家裡幾乎不談棒球的事。不過，確實是有些令人驚訝的事。比如說躺著睡覺的時候，他每隔一段時間就會翻身朝相反的方向睡，然後一直重複這樣的動作。有一次我問他爲什麼，他說：「因爲老是將身體的重量壓在同一邊的手腕和肩膀上睡，會破壞身體的均衡，所以即使是睡覺也要小心。」當時我聽到還眞是嚇了一跳。

——一朗的心思全是棒球的事吧？

弓子 是的。我想他最重要也是唯一的羅盤，就是自己身體的感覺。不管是連續七年得到打擊王還是轉隊到大聯盟，如果不能對自己作爲一個棒球員的身體百分之百滿意的話，他是不會接受的。有一段時間，即使打擊率很高，看起來處於巔峰狀態的他，本人的心思卻完全放在別的地方。普通是成績越差心情也會越低落，反過來說，成績很好時有時會過於自信。可是他在意的並不是表面上的數字，而是自己身體的感覺，而且看起來對自己的感覺很有自信。即使周圍的人都稱讚他的表現，如果他不能感受到自己所追求的那種感覺，他就會一直追求下去。我想這也許就是他強韌的地方。

——聽起來很壯烈。

弓子 我想這是他比別人多花一倍時間，努力培養出能讓自己感覺到自信的緣故吧！

——對身爲水手隊一份子而打拚的一朗，弓子夫人有沒有什麼話要說？

弓子 我希望他能保有當初想到大聯盟的那種心情，把它當作一個原點。那個迫切的想法已經開花結果，現在大聯盟球員・一朗已經誕生，他也許已經感受到他所應盡的責任。背負著這麼多期望，我想對他來說是一個很大的負擔。不過，正因如此，我覺得又何必對自己施加這麼多壓力呢。只要能一直看到當確定要到水手隊去時，那個在家裡一直帶著水手隊的球帽、又得意又天眞的笑容，我就很幸福了。

與棒球相遇之後

起源是紅色的手套

——接下來想請一朗回顧您的一生。當然，我是指有關棒球的部分。

一朗 最早的二、三年我沒有記憶，所以答不出來（笑）。最早的記憶是三歲的時候，家父給了我手套和球。手套不是那種玩具型的，而是紅色、眞皮做的，眞正的棒球手套。我那時非常高興，走到哪裡都帶著這個手套。等到四、五歲開始去托兒所時，這副手套已經用得很舊了。在家裡也會跟家父傳接球、模仿揮棒的動作。要說我的寶物，就是這副手套和球了。

——是什麼時候才知道這是棒球這種運動的球具呢？

一朗 在托兒所的時候常常看中日龍隊的比賽，所以那時就知道了。上小學後，已經懂了規則，一年級就加入豐山運動少年團的棒球隊，還出場比賽。

——六歲就當上先發球員？

一朗　其實三年級以上才能上場。不過我虛報年齡，還用假名登記，參加了豐山町的棒球大賽。因爲我個子最小，所以很怕被人家發現。不過，大概是球打得還可以，所以也沒有人說不行。

——表現得很好吧？

一朗　是啊。以小學生的水準來看，算是很顯眼吧！五、六年級生投的球也算相當快了，我還可以應付得來。

——還是小學生的一朗，是不是已經在考慮將來要當職業球員了？

一朗　懵懵懂懂的有想過。我覺得棒球不只是看看電視就算了，我想要成爲在球場裡打球的球員，我常常想像自己站在名古屋球場裡的英姿。眞正把這個當作將來的夢想，大約是在小學三、四年級的時候。因爲對我來說，所有的職棒球員都是英雄。我會一頭栽進棒球世界，也是因爲家鄉有中日龍這個球隊的關係。家父每年會帶我到名古屋球場看三、四場球。

——從那時開始，每天下課後和令尊練球嗎？

一朗　不是，和家父一起練球在加入少棒隊以前就開始了。雖然少棒隊只有在星期天練球，但是我答應家父絕對不休息，所以每天都練。但是我是眞的很喜歡打棒球，打棒球對我來說是很快樂的事，所以遵守這個承諾算不上是什麼苦差事。一直到升上國中爲止的這四年，每天下課後的一對一練習從來沒有間斷過。

——慣用右手的一朗爲什麼是左打呢？

一朗 我完全不記得了，好像是因爲家父說左打比較有利，才改成左打。

——令尊以前是棒球員嗎？

一朗 高中時是校隊，好像也曾經嚮往當職業球員的樣子。

——令尊當教練，每天練球，這眞的很特別。

一朗 大概沒有小孩像我這樣吧。

——令尊是說：「好像每天在跟一朗玩耍一樣。」

一朗 家父在外面是這樣說，但實際上說玩耍是好聽的，才沒這麼好呢。每天都很認眞，家父拚了命地陪我，有的時候我也很苦。不過連續幾年下來，也習慣了吧。每天下課回來一定會到伊勢山球場去練球，所以從來沒有偷懶的念頭。有時我眞的很不想去，家父還是會先去，還對我說：「一定要來哦！」看到這個樣子，小孩怎麼可能會打混。結果，只要一開始練習，就會覺得很好玩。從另一個角度來看，雖然家父是跟我約好的，但是他一邊還得去工作，一定很辛苦。

——兩個人都作些什麼訓練呢？

一朗 也沒作什麼特別的事情。從家裡慢跑到球場、作些簡單的體操、接接球、遠傳、投球練習或是打擊練習，最後家父打球給我接。

——撿球也是自己來嗎？

一朗 當然。練習用的球具也是全部自己帶去。

——有時候也會覺得很辛苦吧？

一朗 天氣冷的時候當然不喜歡。我的手腳尖會很冰，手指僵硬到連釦子都扣不上去。

沒有自信做得和父親一樣好

——練球的時候，從來沒有反抗過令尊嗎？

一朗 有啊！練球練完就躺在球場正中央睡覺，怎麼叫都叫不動。等到看不到家父的身影才慢慢爬起來，然後故意繞遠路慢慢逛回家，好讓家人擔心一下（笑）。

——是爲了什麼事反抗？

一朗 雖然我已經不太記得了，但是和家父吵架並不是因爲棒球的事。頂多是爲了不肯買玩具給我，還是想吃冰淇淋之類的吧。不然就是想提早結束練球，趕快回家看電視。我眞是個任性的小孩！

——那後來又是怎麼樣和好的呢？

一朗 我很頑固，絕不主動開口，家父也對我保持沉默。不過，因爲每天都要練球，所以還是必須相互溝通。開始練球大概經過了三個月左右吧，那天我還是繃著臉不說話，家父卻默默爲我按摩腳底。結果這也成了習慣，每天持續，一直到我住進名電高的宿舍爲止。我想，即使自己有朝一日爲人父後，也絕對做不到吧。進了職棒，住進宿舍之後，我改用電動腳底按摩器，連出去遠征時都帶在身邊。

——我聽說小學生時代的一朗，棒球打得比誰都好，別的小孩根本望塵莫及。是不是令尊一開始就看出了一朗您的才能？

一朗 我是後來才從家父那裡聽來的，家父有一個高中同學，後來加入了慶應大學的棒球校隊，他好像就是拿我跟這個人比。雖然那個人的水準是可以進軍職業球隊的等級，但是棒球的天賦好像還不如小學生的我。我也覺得怎麼拿我和高中生比呢（笑）！不過，我想家父所說的是像捕捉球的方法或球感之類的吧！

——那令尊有沒有向一朗您說過，您有棒球選手的天份呢？

一朗 很少，只有幾次。不過聽到時眞的很高興，對我來說是很大的鼓勵。

——一對一的練習一直持續到進國中爲止。一朗您自己有沒有實際感受到，球技的確因爲訓練而有所進步？

一朗 確實有的。接傳球時覺得球速變慢了，家父打球給我接時，我也覺得力道變輕了，所以請他打重一點，打擊練習的投球勁道也越來越強。

——球技跟其他少棒隊的小朋友比起來，幾乎厲害到不能比？

一朗　可以這麼說。因爲沒有小孩每天都練習。

——當然不完全是，不過，我想因爲有小學的那四年，才有現在的一朗吧？

一朗　我也這麼覺得。比起國中時代、高中時代，說不定這對我來說是最重要的一段時期。因爲這段時間，棒球所需具備的感覺已深植在我的體內。像是用球棒捕捉球的感覺，或是投球的感覺、接球的感覺之類的。雖然家父對於棒球只不過是個外行人，並不是專業人士，但這樣反而比較好。這樣就不會被限制在框框裡，我也能夠自由地磨練我的球技。因爲我可以依照自己的方式研究怎樣把球投得更快，如何把球打得更遠。

——如果沒有一朗您與令尊之間的感情，也不會有後來歐力士隊的一朗了！

一朗　我們眞的是一對很普通的父子，但是如果要說我能不能成爲像家父一樣的父親，我可就完全沒把握了。

——一朗您好像也模仿過喜歡的球員的打擊姿勢？

一朗　有啊！家父也曾經叫我學學看。投手的話，我模仿過中日龍的投手小松辰雄，打者則是常學巨人隊的篠塚利夫。眞的好像學著學著就會了，本來搞不懂的地方，也因爲模仿而找到了答案。以抓節奏這件事來說吧，學人家把腳抬起來，這和自己原本的感覺是不一樣的，如果開始覺得很順的話，就是抓到訣竅了。又以投球姿勢來說吧，如果學小松辰雄那種將手臂下揮的姿勢，需要很大的力道，所以必須慢慢調整成自己的姿勢。常有人說我的打擊姿勢「很奇怪」，但基本上就是那個時候鞏固下來的。

——令尊說：「也曾經從女子職業高爾夫球員的揮桿得到靈感。」

一朗 我是後來才聽說的。家父很喜歡岡本綾子的高爾夫球技。不管怎樣，我覺得家父眞的爲我想了很多。

——在這四年當中獲得的東西，之後再也沒有失去？

一朗 我在國中、高中時代都很幸運地遇到了好的導師，沒有被勉強矯正或改變自己的打擊姿勢。聽說有些國中或高中的總教練太過執著自己的理想，會按照自己的喜好來改造球員。如果我當初進的是這種校隊的話，可能就沒有現在的我了。

——那時對自己的打擊姿勢有絕對的自信嗎？

一朗 我想不會用「絕對」這個字眼來形容吧，但是既然這樣子打感覺不錯，又有什麼不好呢。再說打出去的球勁道也很好，沒必要改吧。打出去的球速度也很快啊。結果好就好了。

——進國中校隊時覺得怎麼樣？

一朗 過得很快樂。國、高中時，家父每天都來看我練習，還會給我一些適切的建議，所以感覺和以前沒什麼不同。像每次要去那個在我家附近、從小就常去的「機場打擊練習場」時，都是家父陪我去的。

——聽說您是那個打擊練習場裡最有名的人？

一朗 在打擊練習場不是有一些很認眞在揮棒打球的大哥哥和伯伯嗎，我和那些人實在不能比。不過，那時有一個中京高中校隊的第4棒也常在那裡打球。但是我看他的打擊，覺得並不怎麼樣。那天我就想：「搞不好將來我可以成爲職業球員！」

——那時可能也覺得已經作了那麼多練習吧。

一朗 雖然搞不好是我太自我膨脹了，但我那時的確很有自信。不管如何，我就是想成爲職棒球員。不過旁人以客觀的角度來看，也許完全不成氣候。

——您不需要客觀的意見吧！

一朗 是啊！那時覺得自己的棒球風格是靠自己建立的，根本就不在乎別人的想法。

——國中時，您抱著什麼樣的願景？

一朗 那時愛知縣有好幾個常常打進甲子園的有名高中，我心想，不管如何都要進一個棒球很強的高中。我那時是投手，想用快速球來吸引人的目光。

——您投的球很快嗎？

一朗 以一個國中生來說，算是快的吧！

——那讀書的方面怎麼樣呢？

一朗 到國中爲止，考試成績都很不錯，算優秀的吧！我都是抓重點，平時上課即使不怎麼專心聽，只要徹底讀通考試的範圍就沒問題了。除了數學和音樂得到4以外，其他成績都是5。但是進了高中就無法兼顧了。太用功讀書會影響打球，所以完全不用功（笑）。

半夜三點洗衣服的高中生活

——高中就讀愛工大名電高是自己決定的嗎？

一朗 是的。那個時候我又更在意成爲職業球員的事了，所以首先考慮的是打球的環境。雖然有點不願意離家住進宿舍，但想想，這樣反而可以更專心打球。宿舍前面就是球場，雖然只是高中，卻有室內練習場和重量訓練室。再加上愛工大名電高孕育了許多職業球員，中村總教練教的許多球員都在職業隊有很好的表現。中村總教練第一次看到我的時候，好像還說：「這麼瘦怎麼打棒球？」那時我眞的很瘦，怎麼吃都吃不胖。高中三年拚命喝牛奶，雖然長高了，但還是胖不起來。

——回顧高中時代，會想到什麼？

一朗 入學的時候，中村總教練說：「今後的人生中，你不會有比這更嚴苛的體驗了。」那時候我心裡還想：「眞的嗎？」開始了宿舍生活之後，才眞正了解這句話的意思。至今再沒有比那時候更苦的了。

——比打職棒還苦嗎？

一朗　根本不能比。跟高中的時候比起來，現在簡直是天堂。

——是什麼事這麼苦？

一朗　嗯，有很多事。比如說宿舍裡一年級和二年級的重要工作是洗衣服，但洗衣機和乾衣機的數量卻很有限。當然，學長的衣服是由學弟來洗。每天練球結束，先洗澡然後吃晚飯，從這時候開始到十一點的熄燈時間爲止是自由活動的時間，大家都是利用這段時間使用洗衣機和乾衣機。但是我想利用這段時間練習，所以不能在那邊排隊等，因爲光花時間等，自由活動的時間就結束了。我又很不喜歡和同學爭著用。結果，只好早上早點起來。不過，只要有人也早起的話，還是得排隊。所以我只好半夜三點就起床，趁別人還在睡覺時洗衣服、烘衣服。這個眞的很累，直到我升上三年級爲止的這整整二年，我都沒辦法好好睡覺。

——爲了利用吃完晚飯到晚上十一點這段時間練習的緣故。

一朗　是的。室內練習場常常有學長在用，所以就在前面的網球場上揮棒，或是在田徑場上跑步，有很多事可以做。

——自我要求到這個地步！

一朗　我自己倒是不覺得有什麼特別，精神上和不能夠練習比起來輕鬆多了。不過，最可怕的還是惹學長生氣時，被罰跪在垃圾桶上吧！不是有那種高約五十公分，鐵製的圓型垃圾桶嗎？就是罰跪在那上面。

——做了什麼事會被罰跪呢？

一朗　不論做什麼事都會（笑）！像態度不好啦、煮飯時洗米的方法不對之類的。這麼說來，有一次買冰淇淋來吃被看到，也被罰跪。

——對這種學長、學弟制的體育組織，從來沒有感到疑問嗎？

一朗　當然也曾覺得這樣好像不對，可是我那時很拚命，最重要的目標是棒球，實際上也沒時間去質疑其他的事情，咬咬牙就忍過去了。而且我心裡也很期待，自己能夠熬過高中棒球校隊二年半的話，會成長成什麼樣子；不管是人格方面還是球技方面。我那時還想，經過這麼嚴格的練習，也經歷過宿舍的團體生活，若是還沒有職業球隊來找我，那也只好死心了。

目標是打擊率100%！

——您曾在二年級的夏天、三年級的春天各參加過一次甲子園大賽。對高中球員來說，甲子園是很特別的吧？

一朗　的確會想去一次看看。二年級夏天那一次，感覺上是跟學長去的，所以三年級時爲了靠自己的力量去，很拚命。

——氣氛不一樣嗎？

一朗 不一樣。但是我很不喜歡。我想第一輪就出局了也有關係吧，而且被大看台的觀眾俯視下來，很有壓迫感。再加上一想到電視有轉播，反而用力過度。自己也很懊悔沒能把實力完全發揮出來。

——接著，三年級最後的夏天來臨了！

一朗 最後那年夏天，我完全把注意力放在職業球探上。我認爲從縣內的預賽開始就很重要。與其說爲了去甲子園，我的目標是在縣內的預賽就得到球探的認同。所以我訂下了目標，準決賽前的打擊率要達到100％。

——全部的打席都要打安打嗎？

一朗 是的，我的目標是完全不出局。結果到準決賽前的每場比賽，我都只出局一次，7場比賽25個打數打了18支安打。決賽輸給了東邦高校（3個打數沒有安打）雖然很難過，但是打擊率達到6成43。我那時想，這下子應該可以進職棒了。雖然大家都哭了，但是已經盡了全力，若還是無法晉級也沒辦法。我馬上就把它拋在腦後。

——一朗您三年級的時候只被三振過3次！

一朗 的確很少被三振。因爲高中生只投得出直球和曲球，用碰的也碰得到。高中棒球因爲好球帶很大，若是被三振，一定是自己認定是壞球、但裁判判定是好球的狀況。我記得我從來沒有揮棒落空被三振。

——高中時當投手的成績怎麼樣呢？

一朗 比我好的投手有三個，所以投球的事都交給他們。我只專心打擊，取分是我的工作。

——對投球難道沒有眷戀嗎？

一朗 其實我二年級的那年春天曾經出過車禍。我騎單車被車撞到，右腳的小腿肚那裡受傷，有一個半月拄著枴杖上學。由於這個車禍，使我不能再當投手。受傷後我改守一壘，結果投球姿勢完全走樣。若不是這件事，我應該會往投手方面發展吧。然而，車禍以後我再也投不出快速球。一壘手傳球到二壘或三壘的姿勢，和投手投球的方式完全不同。我在守一壘時養成習慣，後來再當投手投球時，手腕的軌跡完全不對，握球時會砸到自己的頭（笑）。總之，染上了不好的投球姿勢就改不掉了，這個投法直到進了職棒以後才改掉。即使是打了210支安打的下一年、九五年的時候，我雖然對自己的臂力很有自信，但近距離的傳球老是傳不好，每次投球時都會打到自己的頭。我那時才知道姿勢的重要性。

——原來有這麼一段啊！但也因此覺悟到，必須靠打擊能力進職棒吧？

一朗 是啊！當投手是絕對沒辦法的。

——受中村總教練指導了三年，他對您來說是什麼樣的存在呢？

一朗 絕對是我人生的導師。總教練教導我的不只是棒球，也教了我許多其他的事。我想，他教育我的是出社會後該懂的事。開會的時候，他總是對我們說許多人生的道理。例如打棒球是一時的，重要的是棒球生涯結束後，自己是什麼樣的人。最令我印象深刻的話有：「當棒球的先發球員，不如作人生的先發球員。」或是：「青出於藍勝於藍。」總教練也就是希望我們這些徒弟將來可以很優秀，甚至勝過他這個師父。棒球校隊大家都把這些話記在筆記本上，可是我只有假裝動筆寫，其實在偷懶。現在想起來，眞的應該全部記下來才對。

就算被認為叛逆，也不願改變打擊姿勢

——接下來就是一九九一年的選秀會了。您還記得被歐力士隊第4輪選上時的心情嗎？

一朗 原本我對歐力士隊並沒什麼印象，一個球員也不認識，神戶這個城市也從來沒去過。當時只是想，眞的可以進職棒了。

——對於自己能否在職棒生存沒有不安嗎？

一朗 說這種話可能會惹人生氣，但是看到前輩佐藤和弘的練習後，我就覺得應該沒問題吧（笑）。守備也很普通，跑得又慢。我想這樣的話，我應該可以升上一軍吧。

——發掘一朗您的，是前年過世的三輪田勝利先生吧？

一朗 是的。剛進球隊的時候，他每次碰到我都說：「要好好鍛鍊腹肌唷！」我也確實在執

行。我升上一軍之後，他也是我唯一商量的對象、唯一一個願意聽我講眞心話的人。對我來說，就好像是另一個父親一樣。

——不過一朗您對選秀制度有沒有什麼看法？最近因爲有了逆指名制度，所以情況比較穩定了，但也有人說這剝奪了選擇職業的自由。

一朗 我倒覺得，用抽籤的也很有意思啊。再說，選秀也是有選擇職業的自由。如果抽籤抽出來是「你去踢足球」的話，那就違法了（笑）。但是不管怎麼抽，不都是職棒球員嗎？覺得選秀不利於自己的，都是那些會在第一輪就被選上的明星球員。像我這種光是被選上就該謝天謝地的球員，哪有資格選球隊呢？我覺得我是拜選秀制度所賜，才能成爲職棒球員的。

——您是什麼時候確實感覺到自己已經成爲職棒球員呢？

一朗 進到歐力士隊的單身宿舍「青濤館」，第一次穿上球衣的時候。我還一直纏著前輩問說：「我看起來怎麼樣？」

——您剛進球隊當時是土井正三總教練吧？直到第二年都還不能固定在一軍，會不會覺得很失望？

一朗 完全不會。因爲我高中畢業才二年而已啊。我的目標是在三年內打出一些成績，所以這樣還算是在原定計畫中。但是我不能理解的是，突然被升上一軍，又突然被降到二軍這件事。

——土井總教練的想法和一朗您對棒球的想法不一樣嗎？

一朗 想法倒不至於不同，只是受不了他一講話就沒完沒了（笑）。進入球隊還沒多久的七月，就被叫上一軍。想到加入球隊前的事，眞覺得是奇蹟。球隊管理打電話到宿舍的房間跟我說：「從明天開始上一軍。」可是我說：「不會太快了點嗎？我還是待在二軍好了。」他說：「不管怎樣你來就對了。」所以我就從神戶到博多去和球隊會合了。

——爲什麼會覺得太快呢？

一朗 因爲我認爲我還沒辦法應付一軍水準的投手所投的球。不過，結果是打得到的，所以覺得第二年應該不會有問題吧。

——但是第二年也不能固定留在二軍。

一朗 第二年球季，我升上去三次也降下來三次。到了球季末，那時的打擊教練對我說：「這是你最後的機會。如果你聽我的話，我就教你，如果不聽，你就靠自己吧！」我很果斷地說：「我不聽！」結果第二天就被降到二軍。因爲我一點都不願意改變自己的打擊方式。

——那個教練想向一朗您表達什麼呢？

一朗 關於打擊方面，他說的和我所想的基本上是完全相反的。我一開始有聽那個教練的話，從第一年的秋天開始，試著實行這個跟我的想法完全相反的打法。因爲是秋訓營，可以在明年的春訓營前修正過來，想說就先試試看吧。但是結果是完全失敗。我自己也知道這樣不行，所以不再聽他的話。並不是我一開始就不聽他的話，而是已經試過一次了，沒有任何成果才放棄的。我這時便想到，如果去配合這些每年都可能被換掉的教練，棒球人生根本不可能長久。就像有人常常跟著流行一直更換衣服或包包，我卻不願意放棄自己的風格，是一樣的道理。配合了教練，結果就是搞不清楚自己是怎樣的球員，越弄越糟。這是職業球員最糟糕的下場。

——從教練的角度來看，您是個叛逆的小孩吧？

一朗　也許吧，覺得我很任性吧。不過是高中畢業才二年的球員而已，還被這傢伙拒絕。

——但是您拒絕得有道理吧？

一朗　高中時因爲都以自己的感覺在打球，根本沒想過什麼打擊理論。直到進了職棒以後，才第一次感覺到自己的風格。二軍的河村健一郎教練馬上就掌握到我的特徵，始終陪在我身邊。我會認爲降到二軍也無所謂，就是因爲有河村教練在的關係。河村教練會給我一些很明快的指導，像是打擊時自己該注意哪些地方之類的。例如：「捕捉球的時候應該是等球過來，先跟住球的軌道，最後才去擊中那個點。」這樣的表現方式，對我來說眞的很新鮮。

——您覺得自己如果成了教練，會怎麼教別人？

一朗　我根本不是當教練的料。若是眞的當上了，大概會對球員很嚴厲吧！我想我會對球員說：「爲什麼連這個也不會？」之類的話。雖然當教練的不需要討球員喜歡，但是表達能力不夠，不能讓球員理解而去接受的話是不行的。我做得到嗎？大概很難吧！

達成單一球季200支安打

——接著是九四年仰木總教練就任，組織也不一樣了。

一朗 的確完全不一樣了。自由的環境讓球員們又充滿了活力，只要努力就可以上場比賽的氣氛高漲。我第一次和總教練見面，是他到夏威夷來視察冬季聯盟的時候。那時田口、金田、小川他們也在一起。我爲了吸引總教練的注意，拚了命想打出安打給他看。

——第一次見面時，對總教練的印象如何？

一朗 白色的漆皮皮鞋、白色的褲子、白色的皮帶、金色的太陽眼鏡，在收銀機前丟了一疊大概有一公分厚的鈔票。一開始還眞的嚇了我一跳。因爲我年紀最小，所以一直拚命地幫忙倒酒。

——用一句話來評論仰木總教練呢？

一朗 那就是總教練了。這個人生來就是當總教練的料。

——一朗您所謂總教練的料是什麼樣的呢？

一朗 坐在休息區裡不動如山的那種吧！我覺得私底下倒是沒有關係，但是坐在休息區裡，不管發生了什麼事能面不改色，就是總教練的氣度問題了。現在像仰木先生這樣的總教練也不多了。有些總教練在休息區裡看著戰況，一下子高興，一下子生氣罵人，甚至有人比數被追平時還哭出來（笑）。對我們來說，跟這種總教練帶的球隊比賽比較好打。

——用片假名「イチロー」來登錄名字呢？老實說您是怎麼想的呢？

一朗　我一開始以為總教練只不過是隨便說說罷了！結果竟然成真時，我也嚇了一跳。因為佐藤和弘也用「パンチ」（註：『Punch』，為佐藤的綽號）這個名字登錄。我心裡雖然想：會不會做得太過火了，但另一方面，也很高興總教練這麼關心我。不過，當場上廣播先發球員名單，喊到「イチロー！」時，聽到全場的驚嘆聲，眞有點不好意思。還好所有的球場都打過一輪後就習慣了。

——不久後就開始了您的大進擊。朝著前所未有的單季200支安打紀錄前進時，一朗您的心情如何？

一朗　由於這算是我第一次經驗，我想盡我所能去打，直到精疲力竭為止。我想試試自己的體力和精力可以持續到什麼程度。不是指技術方面，而是想知道一年打130場是什麼樣子。

——打了那麼多支安打，自己有沒有嚇一跳？還是覺得這是理所當然的結果？

一朗　與其說理所當然，倒不如說我占有很大的優勢。對方的投、捕手對於一直在二軍的我，完全沒有資料，所以應該都是邊投邊蒐集情報。像這種試探性的投球其實很好打。

——您有沒有意識到200支安打這個數字？

一朗 現在想起來，我還眞的做到了呢。不過，200支安打是經過計算出來的。大概五、六月的時候，我將剩下的比賽場數依比例計算出安打數，對外公開說：「目標是200支安打。」我完全不清楚新紀錄的事，只是憑感覺。我知道只要每3場比賽打5支安打就可以達成，然後就這麼去實行了。那時還眞是天不怕地不怕。

——和仰木總教練一起就任的新井打擊教練是怎麼說的？

一朗 他要我不必想一些有的沒有的，讓我專心在打擊這件事上。新井教練說，不管怎樣，「只要打出安打就好了」。他對我說，你能打得那麼好，可見你是完美（perfect）的。

——那時大家也很期待您的打擊率可以達到4成！

一朗 我倒是沒想過最後可以達到打擊率4成，只是想讓大家看看我的確做得到，即使一下子也好。有一次，有個新聞記者對我說：「打一次讓我看看吧！」我就想，既然如此就試看看吧。

——最後不但達成了單季200支安打，還把紀錄更向前推進。

一朗 因爲對大家說的話感到有責任，也有一段期間在追逐數字。這段時期的確很累，所以我在心裡發誓，要打多一些安打，儘早達成紀錄。不然如果只剩下1場比賽時，還差1、2

支安打的話就糟糕了。也許就是因爲這樣，才有辦法將紀錄向前推進。我自己不太常有這種經驗，但是那時候確實覺得好像在自己的力量之外，冥冥中若有神助。

——媒體的攻勢也很激烈吧？

一朗 在那之前我根本沒沒無名，卻突然間被一波又一波的人潮包圍。雖然很高興，但老實說，面對這麼多人還眞是怕怕的。自從九四年球季結束後，我就很難自由自在一個人在街上走了。

朝第一次冠軍邁進

——隔年的九五年，一朗您不僅成了歐力士隊甚至是棒球界的代表性人物。和前一年比起來，您在心態上有沒有什麼改變？

一朗 經過了九四年球季，我已抓住了自己的節奏感，也了解我在球隊中的任務。九五年，我已經有能力不再只是獨善其身了。再加上那一年一月發生了阪神大地震，我想這也是一件大事。

——一朗您當時在哪裡？

一朗 我正在宿舍裡睡覺，突然一陣巨響，然後開始搖晃起來，我連站都站不住，只能用棉被蓋住自己。眞的感覺自己可能會沒命。那種恐怖是無法用言語形容的。我的房間在宿舍的四樓，我甚至覺得地板都快塌了。音響的喇叭和電視也倒了。幸好宿舍只是牆裂開而已，但我熟悉的城市已經被徹底摧毀。

——九五年的重建中，歐力士隊的聯盟冠軍，正是球隊上下團結一致的結果。

一朗 即使遭遇震災，還是有許多球迷到球場來看球。雖然根本不是看棒球的時機，但他們還是努力地爲我們加油，也因此激發了我們的勇氣。我們也很努力地報答大家。

——九四年樹立了偉大的紀錄，也對一朗您產生了一些影響。例如打擊順序從第1棒調到第3棒，其他球隊也都擬定了策略來對付您。

一朗 實際上第3棒是很不好打的。那時候的我，對於「第1棒打者」這個任務很習慣。再怎麼說，我可以很單純地去打。尤其是第一個上場、打一支漂亮的安打上壘，是件很愉快的事。但是打第3棒的話，站在打擊區的氣氛完全不同。結果打擊率嚴重退步，所以又調回去打第1棒了。

——微妙的心理變化影響了成績吧！

一朗 不過最近是不管哪一棒，都讓我自由發揮了。

——對手球隊又是怎麼對付一朗您的呢？四壞球保送和觸身球也增加了吧？

一朗 四壞球保送會增加，我早就有心理準備了。至於觸身球，以打者來說，我自己也是會不好再往前站。而且我原本就站得比較靠近本壘板，所以觸身球變多也是沒辦法的事吧。再加上，我又是那種越被球砸到，越要往前站的那種類型（笑）。

——難道不擔心打擊率下降？

一朗 不會啊。

——但是四壞球保送不是會減少一次打擊機會嗎？一朗您在九四年所算計的3場比賽打5支安打的計畫不就破功了？

一朗 九五年時我就不再這樣計算了。事實上，單一球季200支安打的機會也僅限於九四年那一年。

——不過，球迷對一朗您的期望已經不僅止於打擊率了，尤其和千葉羅德水手隊的投手伊良部秀輝的對決，更是成了熱門的話題。

一朗 是啊！對我來說，伊良部秀輝是很特別的存在。他應該也是這麼想我的吧，從他對我投出的球就看得出來。就算在球場裡，二人之間的氣氛也和其他人有很明顯的不同。所以我對上他的打席特別有趣。即使沒打好出局了，心裡還是覺得很爽快。

——即使伊良部投手讓您連續上壘的紀錄中止，一朗您還是很稱讚他的投球。

一朗 那次對決，伊良部投出的球實在太厲害了，我被三振得心服口服。爲什麼我會心服口服呢？單純是因爲我也已經使出了全力吧。我覺得兩個人就像小孩子一樣，像「我非打到那傢伙的球不可」，或是「我就是不讓那傢伙打到我的球」之類的，誰都不願意輸給對方。我雖然沒有直接跟他交談，但是他的心情卻很直接地就傳了過來。我想，不管是球賽本身，還是我和伊良部之間的對決，都讓球迷們看得很開心。

——伊良部的直球很特別。

一朗 別人完全比不上。在當時可謂超級的。野茂英雄的指叉球的確也很棒，但是伊良部能投曲球、變速球，還有所謂的慢速曲球，再加上快速指叉球。舉例來說，打伊良部投得最好的球，若是沒打準而形成界外球，那個球勁道之強，會一直傳到腰部。就是這麼厲害。

——用測速槍測出來的球速，和實際感覺到的球速是不是有些不同？

一朗 即使是時速150公里的快速球，也有分球質輕和球質重的。有的投手能投出150公里的快速球，但是一點都不可怕。總之，伊良部的球給人的壓迫感絕不僅限於球速上。雖然我覺得「機場打擊練習場」的球還是比較快一點（笑）。

——伊良部宣布要去大聯盟的時候，一朗您是怎麼想的？

一朗 我想，如果是用以前投給我的那種球，那絕對沒問題。但我覺得他去美國後，球速好像變慢了，不像以前那麼快了。

——另一方面，聽說一朗您在九五年球季剛開始的時候，就感覺那個球季會拿到冠軍？

一朗 因爲我們碰到西武隊的時候，都獲得壓倒性的勝利，所以我覺得可以。跟西武打的時候，都是先馳得點，然後第2、3局大量取分，每次都是取得壓倒性的勝利。西武一定被我們傷得很重。更好玩的是，當歐力士5連敗的時候，西武也跟著5連敗。感覺上好像連運氣都站在歐力士隊這邊，所以球隊可以很安心地專心贏球。最難的部分是，就算贏球還要在意其他球隊的狀況。因此而提心吊膽，結果自亂陣腳的例子也是有的。

——魔術數字剩下1的時候，反而開始4連敗，一直沒辦法靠自己的力量拿下冠軍。難道這是因爲「越贏越怕」的心理因素嗎？

一朗 那是因爲歐力士隊心太軟了吧（笑），還是太弱了。應該是難在背負著大家的期待吧！最後在神戶的3連戰，對上的是本來就常常打贏我們的羅德隊，大家就更萎縮不前了。我想起來了，連續3場他們都排上最好的投手對付我們，伊良部秀輝、小宮山悟、Hillman。雖然是敵隊的，但眞的是很棒的投手。歐力士隊年紀最大的投手佐藤義則也投得很好，本來以爲會贏的，結果被打了支全壘打輸掉。球隊氣氛很低沉，沒有人說得出話來。

——決定冠軍的最後那1勝，眞的很遙遠。

一朗 會覺得遙遠的大概也只有歐力士隊吧。不能在神戶奪冠實在很丟臉。雖然沒有人罵我們，但整個球場充斥著嘆息聲。我看到球迷失望的樣子也很難過。

——最後是在所澤以8比2大勝西武。整個球季對西武的戰績是19勝4敗。

一朗 每次跟西武打，就突然變得強得不得了。不過現在想起來，眞的應該在神戶奪冠的。

怎麼可以不在自己的主場拿下冠軍呢！

——拿下冠軍的那一瞬間是什麼感覺呢？

一朗　我認爲冠軍也有很多種。有的是一直贏球贏來的冠軍，有的是靠別人砸鍋得來的冠軍，那種成就感是完全不同的。我覺得九五年的冠軍靠的是運氣，雖然很開心，卻算不上很滿意。相同的，九六年的冠軍也是如此。

未能達成「完全的勝利」

——您對於九六年的日本總冠軍也不滿意嗎？

一朗　雖然有人說：「都贏了日本總冠軍，已經沒什麼事可以做了。」才不是這樣呢！即使我們贏了冠軍，球隊還是有許多需要補強的部分，反而是要做的事變多了。

——有人說九五年的總冠軍戰，養樂多隊爲了對付一朗您，徹底實施了ＩＤ棒球（Import Data）。一朗您覺得自己是被當時的野村總教練和捕手古田敦也用「內角球攻勢」徹底打敗嗎？

一朗　在對付我的配球上，他們的確作了一番研究。我很少聽聞這方面的資訊，但是只要一聽到這種事就會很煩。雖然我自己不覺得是被所謂的ＩＤ棒球打敗的，不過，這也必須在球場上拿出成績來證明。我嘗試的結果是失敗的，所以也沒有資格說什麼。當我們以1勝4敗輸掉的時候，心裡所受到的衝擊已經把聯盟冠軍的喜悅都抵銷掉了。

——您對養樂多隊有什麼印象？

一朗 那時覺得他們很強，每個球員都做好自己份內該做的事，是一支戰力很完整的球隊。

——那對捕手古田敦也呢？

一朗 我們在對付投手的同時，也是在和捕手作戰，所以我也是憑著對古田敦也的印象去比賽。

——有沒有捕手是一朗您覺得不喜歡、不好對付的？

一朗 我不喜歡大榮鷹隊的城島健司。他接球有些特點，常常會讓裁判把我覺得是好球的球判成壞球。相反的，古田敦也的接球技術就很棒，能讓裁判把壞球判成好球。他的接球技術實在太有名了，有時候裁判怕被他騙到，會故意把好球判成壞球。這是我在總冠軍賽觀察到的現象。

——聽說有些捕手會喋喋不休，是眞的嗎？

一朗 眞的！像日本火腿的捕手野口壽浩常常稱讚打者。像是說些「狀況很好嘛」、「太厲害了」之類的話。所以我也會回答他：「就是啊！」（笑）。最近的捕手就沒那麼難對付了。因爲我進職棒也好幾年了，現在越來越能猜到他們想怎樣騙過我了。

——輸掉日本總冠軍賽後，隔年的九六年，一朗您的打擊能力似乎又進化到另一個層級了。接連出現單場比賽3安打的猛打賞，連內角壞球也能打成安打，越來越難對付。是不是把九五年輸球的不甘心當成了驅策自己的動力？

一朗 當然也會覺得不甘心，但是那時我根本還搞不清楚自己的打擊風格是什麼，其實每天只是很忘我地的在打球。不管是什麼球只想把它們全部打回去。

——您是不是從開幕時就想著冠軍，以此作爲目標？

一朗 春天的時候並沒有想過。一直到夏天有一場比賽，突然覺得球隊好像振奮起來，就好像找到了共同的目標一樣，開始有了想要爭奪冠的氣氛。

——那時是不是剩下的比賽已經屈指可數了？

一朗 是的。在那之前，一點都沒在意冠軍的事。說起來，歐力士隊根本不是最強的球隊吧！眞正的強隊是從開幕那一天起就以冠軍爲目標在打球。我們根本是在半信半疑之中，以「這樣下去搞不會拿到冠軍」的心態在打球。直到球季後半段，感覺好像眞的可以的時候才開始振作。這不是一個強隊該有的作風。

——後來打敗巨人隊，贏得了日本總冠軍！

一朗 形式上雖是日本總冠軍，但並不算是完全的勝利。我自己覺得，不管是在心態上還是內容上，完全不配作爲冠軍球隊。相反的，發現了許多缺點。

——對手是巨人隊，會不會影響心情？比如說鬥志比較高昂，或是絕對要贏之類的？

一朗 當然會，氣氛完全不一樣。巨人隊這塊招牌很有威力，首先大家都會特別注意我們。這種熱鬧的氣氛也會激發我們的鬥志。

——第1場比賽延長到第10局，您從河野投手手中打出全壘打。眞是太棒了！

一朗 那時我因爲前面幾次都打不好，心裡煩得很。進入打擊區時，心想爲了下一場比賽，最後一個打席一定要好好打一支安打。還跟自己說，前面還有很長的路要走，要有打到第7場的心理準備。所以根本沒想過要打全壘打。球數變成1好3壞時，我猜下一球一定是外角球，就想像外角直球作攻擊。沒想到，球一離開投手手上那個瞬間，我就發現來的是中間偏高的球。我就在那一瞬間作了修正。

——修正了擊球節奏後，就打成了全壘打！

一朗 是的。所以也不算是個很爽快的全壘打。

——實際上對戰過，您覺得巨人隊是支怎樣的球隊？

一朗 我覺得他們雖擁有豪華的陣容，但缺少那種專精於某一種球技的球員。實際上，那次總冠軍賽留下很多遺憾的事。像我有次打了一支中外野安打，本來應該可以到二壘的，結果卻沒跑。這件事一直懸在我的心上。

——最後的戰績是4勝1敗。

一朗 巨人隊的確很意外地就這樣輸了。在總冠軍戰前，有關巨人隊的資訊眞的很豐富，每天電視都會報導，體育報也有很詳細的記載，所以我們可以及早作準備。巨人隊的球員大概對於歐力士隊的事情完全不了解吧！說起來，巨人隊的偉大好像反而成了歐力士隊的優勢。

——九七、九八年，大家一方面期待你們奪冠，但關心的焦點更集中在打擊王的紀錄是否會被刷新。那時候壓力一定也很大吧？

一朗 最重要的還是球隊的勝利。但是球員的士氣卻沒有因爲3連霸的目標而振作起來，實在很丟臉。九五、九六年累積了那麼多經驗，卻沒有發揮作用。在這種氣氛之下，身爲打者還得締造好成績，必須讓自己的精神保持振奮、不斷驅策自己，的確是很辛苦的事。但是，我想就因爲還有這個動力在，所以在打擊上才能留下那樣的成績，也因此才能蟬連打擊王。

——就像一朗您當初一樣，有許多小孩是因爲崇拜一朗您才開始打棒球、看棒球。像這種情形會賦予您勇氣，還是會形成重擔？

一朗 對我的期待眞的會化爲我的動力。以前的我，大多是爲了自己吧。但我也確實感受到，周圍的人對我的期待，的確使我的能力越來越強。雖然我脫下球衣後，就變回成普通人鈴木一朗，但只要穿上了背號51號的球衣，我就是以職棒球員一朗的心情在打球。

一看就知道是不是樂在工作的記者

——接著我想請教您有關媒體的事情。大家都說一朗您很討厭媒體，是眞的很討厭嗎？

一朗 我想不能一竿子打翻一條船。當中當然有喜歡的人，也有不喜歡的人。我是一個職棒球員，而媒體也是一種職業，雙方是因爲工作需要而結合的。透過工作，有的人可以作朋友，有的人不行，不是嗎？有的記者訪問完連句「謝謝」都沒有，就更不用說了。

——您給人一種印象，就是對於採訪及發言的態度都很愼重。

一朗 報紙或雜誌爲了吸引讀者，當然會下一些很聳動的標題，但是其中有些內容根本不符事實。我本身也有過親身經驗。假如是我認識的人讀了這些文章，我還可以一一向他們說明。但是太平洋聯盟的球賽很少直播，很多人家附近又沒有球場，他們只能透過報導來認識一朗這個人。如果只能透過報紙和雜誌來取得資訊的人，就這麼相信了報導的內容，那就沒辦法了。因此我的發言當然必須愼重其事。

——所以就不太開口了？

一朗 是啊！當然不是每一篇報導都這樣，不過，我有時眞覺得活字實在是一種殺人武器。

——但是還是有一些記者是可以互相理解，掏心掏肺的吧？

一朗　嗯！有的。我的感覺是，比如說負責報導棒球的這個人，是把工作當作興趣，做得很快樂呢？還是因爲被公司指派來，而不得不做？差別就在這裡。樂在工作的人坦率的心情，我也能夠感受得到。

——可是相反的，某些人是無法信任的。

一朗　我會跟媒體的人保持一定的距離，事實上是因爲曾經發生一些事情。大約幾年前，有一本月刊登載了一篇宣稱是一朗自己寫的日記。然而我根本不知道那篇報導的內容，更不知道什麼時候寫過那篇日記。雖然那不是我寫的，但是因爲登的是我的名字，報導看起來就好像是眞的一樣。上面還寫著：「我想去大聯盟。」我該怎麼理解這件事呢？寫這篇文章和登出這篇文章的人到底在想什麼呢？雖然覺得很過意不去，但自從那件事以後，我就再也沒辦法輕易相信別人了。我雖然也不願意這樣，但是我需要一點觀察的時間。

——要先看看媒體的態度是嗎？

一朗　不管怎樣，我是一個職業球員，不能將自己的注意力浪費在這些事情上面。

——接下來想請教一些比較隱私的事情。首先想請您談談您的興趣是什麼？

一朗　第一個是車子。我現在開的是星野一義（註：日本名賽車手）所改裝的「CIMA」，最近正在改汽車音響。對我來說，車子是聖域，是可以一個人放鬆心情的空間，所以希望用好的音響聽喜歡的音樂。

——自己的車子很少載人吧?

一朗 去球場的時候和從球場回家的時候絕對不載人,一定只有我一個人。因爲這段時間是我集中注意力或是放鬆心情的重要時刻。相反的,我眞搞不懂有些人車上喜歡載一堆人!

——您都聽哪類音樂?

一朗 最近常聽Misia的歌。她的歌歌詞很棒。再來就是Rap。這是受到家兄的影響。我對嘻哈這類音樂感興趣,大多是受到家兄的影響。因爲他在家裡都是放這種音樂,我聽了也覺得很棒,才開始聽的。高中時家兄編輯了一些錄音帶,還特別請家父幫我送來在宿舍裡聽。

——一朗您的打扮也是這種嘻哈風格。

一朗 是啊。我不喜歡穿很貼身的衣服,而且也希望穿得個性化一點。現在對T恤、布鞋也特別講究。

——不知道一朗到了四、五十歲的時候,會是什麼樣的裝扮。

一朗 這個嘛!實在無法想像我穿Polo衫配西裝褲的樣子。我想基本上還是牛仔褲吧!

——對名牌服飾沒興趣嗎?

一朗 也不是完全沒興趣。西裝的話我喜歡山本耀司,顏色是深色系的。像簽約時要穿西裝,我幾乎都是穿山本耀司的。我最不喜歡那種半調子的穿著。像穿高爾夫球裝,就很像個臭老頭,看起來一點都不年輕。要嘛就是垮垮的嘻哈風格,要嘛就是西裝,二者擇一。

原來結婚典禮是這麼美好的事！

——接下來非問不可的是關於結婚的事。您在九九年十二月十三日跟福島弓子小姐結婚。一朗您是什麼時候決定要結婚的呢？

一朗 大概是交往了一年左右的九八年九月還是十月的時候吧！

——約會都去哪裡？

一朗 幾乎都是去吃飯。有兩個比較隱密的餐廳，我們會先在那邊吃飯，然後開車出去兜風。有一次跑去六甲山看夜景，人實在太多，結果連車上都沒下來。

——決定結婚最大的理由是什麼？

一朗 兩個人在一起時，最能夠表現出自我本色。她也是這麼說的。還有一個重要的原因是他跟我的父母處得很好。

——結婚的時機是兩個人一起決定的嗎？

一朗 是的。考慮到兩個人的工作，如果是九九年底，時間應該都空得出來。她也必須考量到辭掉電視主播工作的時間點，兩個人商量後就決定了。

——弓子夫人不會排斥要辭掉工作、走進家庭嗎？

一朗 好像完全不會。她比看起來更顧家，家裡的事照顧得井井有條。我因爲工作的關係，從以前就希望太太能夠待在家裡。她好像也蠻喜歡這樣的，所以完全沒有問題。

——一朗您有先到弓子夫人家去拜訪嗎？

一朗 九八年十月有拜訪她的娘家，向她父母報告我們正在交往，將來想要結婚。

——那閃電婚禮的計畫是什麼時候訂定的呢？

一朗 婚禮是在洛杉磯一個叫作Riviera Country Club的高爾夫球場舉行的。我們在半年前就決定了地點，不過，通知球場是在婚禮的前一天。球場的人也了解我們的處境，很爽快就答應了。眞的很感謝他們。

——爲什麼要弄得這麼神秘？

一朗 當然我們也想在事前通知一直照顧、關心我們的人，但是這樣一來，一定會受到媒體的追逐，我們不希望結婚搞成這個樣子。

身爲一個棒球球員，即使是球場外的事，有時還是會被干涉、被追逐，這我能夠理解，也覺得這是無可奈何的。不過，結婚這件事不但對我、對我的對象來說，都是人生中重大的決定。我們都希望能夠很冷靜，不要在旁人起鬨、追逐的環境裡交往。

至於婚禮的部分，我的雙親原本希望我能好好辦個喜宴，向長久以來愛護我們的人致謝，所以有些擔心。但若是這麼做的話，就必須事先告訴很多人，而且來參加的人數一定會很多。我本來就不想要那種豪華的婚禮，最後雙方的父母也接受了我們的想法。

對於因爲我們沒有辦盛大的婚宴而覺得失望的球迷們，我希望能在球場上拿出好的表現來補償他們。

——婚禮是什麼樣子的呢？

一朗 在球場的俱樂部陽台上設了紅毯，還有一個玫瑰花架。一開始新娘的父親挽著新娘穿過花架走過來，走到牧師的前面把新娘交給我。之後就是用英文交換誓言，交換戒指，然後在臉頰上親一下，最後兩個人再走過紅毯，典禮就結束了。接下來就是移動到餐廳去吃飯。

——有哪些人出席呢？

一朗 我家裡的人和新娘家裡的人，還有四、五個朋友。跟棒球有關的人一個都沒有。

——一朗您和弓子夫人穿什麼衣服呢？

一朗 我穿禮服。但不是白色的，是有點米黃色的。新娘的衣服是去西班牙旅行時買的，很簡單的樣式。

——有沒有很感動？

一朗 婚禮的時候和吃飯的時候倒是沒有什麼，反而是派對結束後，在出口跟大家握手時。在幫我們張羅婚禮的朋友面前就不行了，眞的是嚎啕大哭。大家都用一副「怎麼在這個時候哭成這樣」的表情看著我（笑）。因爲要不是靠大家，哪有辦法這麼順利地辦好婚禮。不管是訂做禮服還是買婚戒，甚至連高爾夫球場的婚禮，都是靠大家的力量才搞定的。

——眞是美好的回憶！

一朗 眞的是很美好的回憶。結束後我深深覺得，原來結婚典禮是這麼美好的事！

挑戰未知的領域

——順利地舉行了留下美好回憶的婚禮，接著要迎接二〇〇〇年的球季。球迷最擔心的是觸身球的影響。右手腕尺骨的傷完全復原了嗎？

一朗 是的，完全復原了。

——宮古島的訓練營如何？九九年八月二十四日，在富山出戰日本火腿隊，是因觸身球而骨折以來，大約隔了五個月再度於正式比賽上場。

一朗 視狀況慢慢在作調整。因爲從八月到一月完全沒上場比賽，必須先摸索自己的體能和感覺有沒有發生什麼變化。從我小學開始打棒球以來，從來沒有休息過這麼長的時間。離開棒球這麼久，剛開始的確有點不舒服。全身不聽使喚，手腳的動作也很不協調，身體好像不是自己的一樣，很不對勁。當然，我在訓練營前就有心理準備，必須花點時間才能調整好體能狀況，所以並不會覺得很愕然。

——關於球技方面，是怎麼樣不對勁？

一朗 首先，最糟糕的是肩膀。這個很嚴重。肩膀簡直像借來的，跟自己原來的實在差太多了，大概連原來力量的十分之一都不到。所以宮古島的訓練營其中一個課題就是鍛鍊好肩膀。但是我也告誡自己，這次是骨折以後重新開始，絕對不能急，所以就按照自己的步調慢慢來。

——那個強勁的臂力是什麼時候恢復過來的？

一朗 我想進入球季的時候大概就沒問題了。鍛鍊肩膀的步調我都計算好了。不管怎樣，我一直告訴自己沒有必要慌張。因爲如果把肩膀搞壞了，就失去繼續打棒球的意義了。假如是本來臂力就不強的球員也就算了，像我這種球員，若是沒有了強壯的肩膀，作爲一個球員所能得到的樂趣就減少了一半。

——傳球像子彈一般的快感，是拿什麼都換不到的吧？

一朗 的確如此。太過勉強以致於把肩膀毀掉，而失去這個樂趣，我可不願做出這種蠢事。

——另一方面，打擊是哪裡不對勁呢？

一朗 進了訓練營的第1個打席，簡直像換了一個人，覺得很不舒服。身體不聽使喚，揮棒也不順暢。每年進訓練營前一個月，我就已經開始用投球機練習打擊，但是今年完全沒有，只有試過靜態的打擊練習，所以感覺會遲鈍也是理所當然的。說起來，訓練營第一天，我進我進到打擊區時，餵球給我的投手好像也很難投。打擊時有一連串動作和捕捉球的節奏，我怎麼都作不出來，投手的節奏好像也被搞亂了。

——跟肩膀一樣，打擊也處在很嚴重的狀況吧？

一朗 不，不是的。打擊方面我覺得沒那麼糟糕。大概打了三、四天就恢復正常了。打擊的感覺在第一天、第二天一下子就回來了，之後那種不舒服的感覺馬上消失無蹤。打擊的部分我已經不擔心了。到去年四月份時，我才找回那種「這樣就打得到」、「終於又找回了自己的打擊」的感覺，那時我深深感覺到眞正的戰鬥才剛開始。到了二〇〇〇年，終於穩固了打擊的基礎，也穩定了自己的步調，接下來就是拿出自己的實力來打拚。所以自己也覺得蠻緊張的，好像正走在未知的領域裡。當然，我想已經不能只拿過去達成的成果來作爲今後的目標了。

——現在的一朗，即使打擊率3成也會被罵。當然，4成的話就是「超人」了。

一朗 這個1成的差距，是聳立在打者前面一道高牆。這道高牆所帶來的壓迫感，跟想要挑戰這道高牆的意志力就像是一體的兩面。回想上個球季一開始到八月因觸身球離開球場這段時間的事，感覺好像悲喜參半不斷在重演。我覺得這種心情上的波動，反而成爲驅策我的力量。

所有的全壘打都是刻意追求的

——九九年球季，是誰激勵了一朗您呢？

一朗　對上松坂大輔的時候最讓我興奮。有那麼多球迷來看球，還眞難得呢。感覺好像已經很久沒有這樣的盛況了！五月十六日在西武巨蛋的比賽，因爲是第一次碰頭，我自己本來就打定主意不要想太多。不過，我徹底被打敗了。眞厲害，我被三振了3次。老實說，我本來以爲絕對不會被三振，但是那個變化球眞的完全超乎我的想像。他的投球姿勢也很棒，即使是投球時，你也很難看清楚他胸前的球隊標誌。證明了他的身體完全沒有開掉，所以力量才能夠集中。他的手腕和手臂也很不容易看到。

——那天松坂大輔對一朗您投了7個150公里以上的球。實際體驗過他的球速，覺得怎麼樣？

一朗　投進好球帶的直球，我不覺得有那麼快。球的確很快，但是並沒有快到讓人嚇一跳。不過，像那種稍微偏離好球帶的球，的確很有威力。不管是稍高的球，還是偏外側的球，甚至是偏低的球，都會讓打者在球數2好球以後，不由自主地出棒去打。

——一朗您覺得他最大的武器是什麼呢？

一朗　應該是滑球。滑球是他最大的特色。第2打席被三振時，我根本沒辦法出棒。因爲球的軌跡和我想像的完全不同，比想像中變化幅度還大，根本打不到。所以第3次被三振那一次，我就等他的球更往我身體側過來，結果卻來了個相反的球。

——被他騙了嗎？

一朗 這就不知道了。可以問問他。（編輯部註：實際上是一個沒投好的滑球，簡單來說，就是球從手上滑掉了）

——第4打席的5個球全都是直球，其中有3球超過150公里。

一朗 第4個打席我眞的想打支安打，結果卻是四壞球保送，眞是消化不良。對上他4次，我也嘗試了許多方法，還是不能夠完全了解。我還有一些想知道、想試試看的。所以比賽一結束我就已經在想：「不知道什麼時候可以再碰上他？」

——他只要一出來就會讓您熱血沸騰嗎？

一朗 那是當然的。因爲除了贏球之外，我又多了一個期待。他帶給我的是那種一對一決鬥的興奮、與勝敗無關的期待。眞是厲害的傢伙，竟然才十八歲。實在有點讓人嫉妒（笑）。

——後來七月六日在綠地球場的比賽，您用第100發全壘打一雪被三振3次的恥辱。

一朗 那個全壘打是在第4個打席打出來的，但其實是個誤算，實際上第3打席我就想打全壘打了。

——結果打出了界外球被三壘手接殺。

一朗 差了一點，是我沒打好。這個球感覺上是打得出全壘打的。第4打席時，很幸運的又來了個同樣的球，所以就照我的想像打了全壘打。

——這第100支全壘打是特意去打的嗎？

一朗 當然。在那麼天時地利人和皆備的場面，不製造點高潮怎麼行！像這種如畫般的場面，整個球季也碰不到幾次。再說，以我的狀況，如果沒有特意去打，是很難打出全壘打的。因爲我打的球通常彈道都很低，想打全壘打的話還得加一點角度，所以一定要打在球的下半部3分之1左右的地方。我打出的全壘打百分之百是刻意去打的。

——所以您都是鎖定某個投手的某種球路去揮棒的？

一朗 當然嘍！所以我的第1打席很少打全壘打。必須在前一個打席先分析當天這個投手的感覺，然後決定要鎖定哪種球路。一開始就刻意追求全壘打，對於總是被期待擊出安打的我，是件很危險的事。當然如果能打全壘打是最好的，但是我實在沒有自信能在第1打席就打出去。

——一朗您如果沒刻意去打，就打不出全壘打。

一朗 打不出來。沒刻意去打卻還是形成全壘打的，僅限於打到球的下半部這種沒有按照我想像出棒的狀況。

——看看到目前爲止紀錄，二壘打、三壘打、全壘打的數量幾乎年年增加。您是不是因爲特意拉大球飛行的距離，結果全壘打的數量也增加了？

一朗　像二壘打、三壘打都不是特意去打的，單純只是把球打到守備不到的地方而已。那全壘打算不算安打的延長呢？不是的。全壘打就是全壘打，是因爲我想打全壘打才打成全壘打的。但是我也知道，自己並不是那種每次上場打擊都有可能擊出全壘打的打者。

——從來沒有想過要成爲全壘打打者嗎？

一朗　多打一些全壘打當然好，但如果因此反而減少了安打的數量就本末倒置了。我是絕對不希望變成這個樣子的。安打才是我賦予自己的任務。……這麼說來，最近三壘打變少了。因爲一口氣要跑到三壘實在蠻累的，就不太想跑了。最近我打出二壘打的時候，常常在離二壘壘包還有一段距離時就開始用走的。這實在不是個好現象。

——是不是因爲打擊順序從第1棒調到第3棒，所以變得比較愼重？

一朗　這個可能性也不是沒有，不過還是必須好好反省。棒球本來就是「向前進」的運動，如果連這個基本都忘了的話，一定會吃到苦頭的。以後要開始卯足全力地跑了。

——七月二十四日的明星賽，您從巨人隊的上原浩志手中打出了全壘打。

一朗　那場比賽，我作了一些模擬。

——是什麼樣的模擬呢？

一朗　正式季賽的時候，我花了很多時間在打擊練習上，一定要打到自己覺得完全準備好了才罷休。我想利用這種非正式的表演賽，試試看如果沒有練習會打得怎麼樣，所以整整二天都沒有練習。

——結果面對上原浩志的時候打出了全壘打和二壘打（整場比賽5打數4安打）。

一朗 能把他的指叉球打到中外野全壘打牆外，證明了我完全捕捉到了這個球。不過，事先的準備還是不能不作。實際上，那場球我揮棒落空了很多次，想把球碰出界外卻搆不到球。那都是因爲沒練習使得感覺都遲鈍掉了，所以還是不能太混。敏感度都跑掉了。

——您對上原浩志的印象如何？

一朗 他的球本身很有威力，但他厲害的地方是不論在哪哩、不論對手是誰，都可以製造出自己的節奏感。站在他後面防守的野手都會因爲他的節奏感而提高注意力，連打者都會不知不覺被這個節奏牽著走。我想，站在他背後防守的球員應該覺得很舒服。有人說這是一種光環，他投球的氣氛爲球隊帶來了勝利的契機。

——只要他投球就一定會贏。

一朗 是的。在我的感覺裡，他是少數擁有這種魔力的投手之一。

——上原浩志被迫故意四壞球保送當時正在跟巨人隊的松井秀喜爭奪全壘打王的養樂多隊Petagine時，他在投手丘上掉淚的場面眞的令人印象深刻。

一朗 他這種不服輸的氣魄眞的很棒。不過也用不著哭嘛（笑）。

——有時候比賽中實在摻雜了許多因素。

一朗　本來就應該讓球迷看到令人開心的表演才對不是嗎？大家都在期待你們對決，結果為了第三者的紀錄卻必須閃躲，實在是很蠢的事。不管如何，我都為上原浩志的氣魄而感動。

成為一位具壓倒性優勢的打者

——季賽到了尾聲時，您好像傾向把專注力放在自己的紀錄上？

一朗　如果是在拚冠軍的時候，碰到故意四壞球保送也是沒辦法的事，畢竟比賽的勝負是最重要的。不過，若是跟爭冠已經無關的消化比賽，意義就完全不同了。我覺得會來看這種消化比賽的球迷，才是眞正喜歡棒球的。因為都已經與冠軍無緣了，他們還願意來看我們打球。假如不在乎這些人的觀感，不讓他們享受對決的快感，那實在是太失禮了。如果這種事再繼續下去，我想球迷會越來越不願意來看球。

——在冠軍決定以前，有時候為了贏球，不得不採用一些戰術。觸身球也算是其中的一種嗎？

一朗　不知道耶……。身為一個打者是希望最好不要，但是戰術上是有可能的。

——教練團會作出這種指示嗎？

一朗 我很不願意這麼想。

——有人說觸身球是一個好打者的宿命？

一朗 這個我不能否定。實際上，打者實在碰到太多觸身球了。

——去年一朗您本身也因為觸身球而不得不離開球場養傷。您覺得對方是故意的嗎？

一朗 那次我真的不知道。那天我本來就站得比平常更後面一點。後來我聽說，捕手也是將手套放在中間偏左，也就是離我較遠的那一邊等球。打中我的是內角近身球。結果大概是投手球沒握好吧！

——也就是投手失控了？

一朗 有時候這也是沒有辦法的事。不過，我覺得觸身球有二種，一種是投手在對付打者的過程中意外發生的觸身球，另一種是不該發生的危險球。當然，有的地方投手要怎麼投都沒有關係，但是打擊區靠近本壘板的這條線內這一邊應該是打者的領域，如果球越過了這個界線往打者身體過來的話，打者當然會很生氣。實際上，對方是不是故意的都感覺得出來。像有些往腰部或屁股投過來的球，都可以感覺到是故意的。

——那種故意瞄準打者頭部的危險球是一個大問題吧？

一朗 我相信絕對沒有這種事。我認為那只是投手手滑掉了，球才會向頭部飛去。

——那次打擊，連平常幾乎不會露出痛苦表情的一朗您痛到臉都歪了。

一朗　那球打到手腕下面完全沒肉的部位，我就覺得不妙，而且馬上感覺到劇烈的疼痛。我有預感這次一定不一樣，就連用左手指尖摩擦一下都會痛。總教練還從休息室叫我：「趕快上壘！」不過那時我已經痛到只能說：「先等一下！」

——後來就被換下場了。

一朗　想說當天晚上先觀察一下，總之就先等了一晚。不過第二天早上，疼痛完全沒有消失，我就知道當天晚上不能出賽了。結果馬上就和隊上負責宣傳的人坐上往大阪的火車離開富山。

——連續763場出賽的紀錄就這麼中斷了！

一朗　回到神戶後還是很在意時間。一邊看著時鐘，一邊想著「現在比賽剛開始吧」，或是「這個時間大概已經打到5局了吧」。比賽結束的時候，心裡的確是想著：「啊，這個紀錄眞的中斷了。」

——實在太可惜了！

一朗　這個紀錄是我拚了命保持下來的，一直持續的事被迫中斷眞的很難過。不過，幸好不是因爲自己的不小心才使紀錄中斷的，這樣想還能夠切換自己的情緒。如果是因爲穿了厚底的涼鞋不小心跌倒骨折的話，可就不光彩了（笑）。過去觸身球大多是打在我身體的外側，從沒有受過很大的傷。了不起就是痛個一、二天罷了，沒有造成很大的傷害。我雖然常常被投觸身球，但還算是運氣好的。我想跟閃躲的方式也有關係吧！不會閃的人常常被打到身體內側，會傷得很重。

——馬上就知道要花很長的時間治療嗎？

——我被球砸到的地方是在很微妙的部位，作了幾個檢查都找不到骨折或是裂開的地方。但是因爲一直沒有復原，最後才診斷出右手手腕的尺骨有一些細微的裂縫。既然症狀這麼複雜又那麼難復原，當然得有心理準備會被列入傷兵名單和必須作復健。

——那時正好是季賽快結束，正要作最後衝刺的時候。

一朗 夏天時雖然體重變得比較輕，但在我正想在打擊上創造另一個高峰的時候發生了這件事，眞的很遺憾。

——骨折以後還有繼續作訓練嗎？

一朗 能作的部分還是有作，像是強化下半身或跑步之類的。歐力士隊宿舍裡的重量訓練室每天都去，雖然只能作些很輕鬆的類別。隔年一月覺得狀況好像還不錯，就試了試那種測定腕力的機器，結果又把手弄傷了。本來以爲只是用到手肘的力量，不會彎到手腕，應該沒關係，沒想到手腕附近還是必須出不少力，結果養傷的日程又拖長了一個星期左右。後來雖然很慢，但也很順利的康復了。

——這種完全沒有棒球的日子怎麼樣？

一朗　剛受傷的時候，連拿筷子或刷牙都很不方便，沖澡時也沒辦法自己擦身體，實在蠻累的。至於有關棒球的部分，反正球和球棒都不能拿，心理反而比較好調適。做一些平常不能做的事，還蠻開心的。像是跟朋友到神戶三宮附近的街上去逛逛，或是去聽演唱會，每天都跑出去，眞的很開心。看看不同的世界可以放鬆心情，對我來說是件好事。

——實際上，打者到底有沒有辦法對抗觸身球？

一朗　我想除了閃躲可能沒有別的辦法。不然就是成爲一位具壓倒性優勢的打者，讓對方覺得這傢伙實在太強，強到不管怎麼投觸身球，打擊率也不會下降、安打數還是一直增加吧。因爲對方的投手會覺得，就算這次用觸身球混過去了，下次還是會被打安打。還有就是，只要對方一投觸身球還是故意四壞保送，球迷就生氣鬧場。總之，我覺得最有用的還是成爲一個不屈服於觸身球戰術的打者。

後記

二〇〇一年年底，我爲了去見剛獲得美國聯盟MVP的一朗，搭機飛往西雅圖。

再次見到一朗，我花了很多時間請教他身爲一個大聯盟球員，經過了一個戲劇性球季的記憶，以及他對第二年球季的抱負。

第一年挑戰大聯盟，一朗身處在不同的環境裡，遭遇到筆舌無法形容的狀況。與剛速球投手對決，展現優異的體能來守備，提升自己的球技來挑戰。

二〇〇一年九月十一日，他震驚於美國遭受多重恐怖攻擊，但在震驚之中，他也作爲人們勇氣的先鋒，再度馳騁於球場上。

在僅僅一個球季裡，他的表現震撼了全美運動界，創造了新的紀錄，也獲得了最有價值球員這個至高的榮譽。

本書除了從一九九九年開始的採訪內容之外，還加上了新的一朗訪談記（第一部），我想讀者可以從中讀取大聯盟戰況之激烈、在球場上感受到的興奮，以及他對棒球的熱愛。

受訪時的一朗，對於我提出的問題，一如以往，以眞摯的態度來回答。他仔細考慮問題的眞意，愼選詞彙，很明快地將自己的想法和感想毫不吝惜地說出來。

我面對暢談著自己對球賽的熱切想法的一朗，覺得眞是不可思議。

被選爲MVP，改寫了許多紀錄，在說明大聯盟球員的責任與使命的一朗身上，我好幾次都彷彿看到，在塵土飛揚的小球場上，忘情地追逐著球，拚命地揮棒的「少年」的神情。

這是小學生的時候，一天都沒有間斷地在父親鈴木宣之的指導之下練習的他，也是他訪問 John Stanford International School 時，沒能夠擁抱到他的小孩的表情。

當我知道一朗比起以前更熱愛棒球的時候，眞的很高興。

就是因爲這股不拘泥於勝敗或紀錄，對於棒球的熱愛，支撐了他種種讓球迷狂熱的表現。看台上每一個球迷的喜悅，也就是他的喜悅，這是我的確信。

這種幸福的情緒，即使到了第二年球季已經正式開始的現在，也一點都沒有褪色。打破了九十一年前 Shoeless Joe Jackson 的紀錄的球員，現在還是以精悍的表情，靜靜地站在左打者的打擊區內。

在這個瞬間，我對能夠和一朗這個大聯盟球員活在同一個時代這件事，心懷感謝。希望很多球迷也跟我一樣。

同時，我也希望大家可以到吹著海風的西雅圖 SafeCo Field 去欣賞他的球技。

這本書將在美國同步出版，一朗本人也很高興這本書能夠被翻譯成英文。現在美國人都已經把一朗當作自己國家的英雄來支持、聲援了。想到能夠將一朗這麼多的談話傳達給這些美國人，這種感動不是言語可以形容的。

如果各位讀了這麼長的訪問內容，將來可以繼續注意一朗在球場上的表現，那眞是再好不過了。

我由衷感謝前後好幾次接受我的訪問，不論何時都用眞摯的態度來回答我的一朗。一朗所擁有的豐富知識及充滿魅力的機智風趣，成了整個訪談的核心，相信大家讀了本書就可以一目瞭然。謝謝您，一朗！

接著要感謝從採訪到刊登原稿都全力支持我的弓子夫人。如果沒有弓子夫人的協助，這本書不可能完成。

還有，我要由衷感謝以下的人士：

西雅圖水手隊的各位、ＭＬＢ的各位、一朗的尊翁鈴木宣之先生、一朗辦公室的各位、岡田良樹先生。

最後我要感謝將這些訪談彙爲一冊的新潮社石井昂先生、負責本書編輯及協助我執筆的郡司裕子小姐、負責英文版編輯的加藤大作先生、新潮社出版企畫部的各位，以及對於我寫這本書，提供了許多協助的諸位。

小松成美

二〇〇二年五月

聯盟分區系列賽（Division Series）
美國聯盟

月	日	對手	勝敗	比分	1	2	3	4	5	6	7	打數	安打	打點	三振	四死	盜壘	全壘打
10	9	CLE	●	0-5	**右安**	**中安**	中飛	**右2**				4	3	0	0	0	0	0
	11	CLE	○	5-1	四壞	右飛	**中安**	游滾				3	1	0	0	1	1	0
	13	@CLE	●	2-17	**左安**	二滾	中飛	**中安**				4	2	1	0	0	0	0
	14	@CLE	○	6-2	游滾失	二滾	**中安**	**右安**	**中安**			5	3	1	0	0	0	0
	15	CLE	○	3-1	**游安**	二滾	**二安**	**游安**				4	3	0	0	0	0	0

聯盟冠軍系列賽（Championship Series）
美國聯盟

月	日	對手	勝敗	比分	1	2	3	4	5	6	7	打數	安打	打點	三振	四死	盜壘	全壘打
10	17	NYA	●	2-4	三滾	三振	二滾	**左2**				4	1	0	1	0	0	0
	18	NYA	●	2-3	**中安**	中飛失	左飛	故四				3	1	0	0	1	0	0
	20	@NYA	○	14-3	三振	**中安**	四壞	故四	中飛			3	1	0	1	2	1	0
	21	@NYA	●	1-3	三振	四壞	三振	游滾				3	0	0	2	1	1	0
	22	@NYA	●	3-12	投滾	三滾	左飛	**投安**	三滾			5	1	1	0	0	0	0

打擊成績一覽表

場數	打擊率	打數	得分	安打	壘打數	全壘打	三壘打	二壘打	打點	犧牲短打	犧牲飛球	觸身
157	.350 (1)	692 (1)	127 (2)	242 (1)	316	8	8 (7)	34	69	4	4	9
四壞	**故意四壞**	**三振**	**盜壘**	**盜壘刺**	**單場複數安打**	**連續安打場次**	**主場打擊率**	**客場打擊率**	**得點圈打擊率**	**對右投手**	**雙殺打率**	**三振率**
30	10 (8)	53	56 (1)	14 (2)	75 (1)	23 (1)	.343 (5)	.356 (1)	.445 (1)	.362 (1)	229.3 (1)	14.2 (1)

【註】（）內數字為聯盟前10名之名次

特殊紀錄（2001年季賽）

新紀錄		舊紀錄（保持者）	紀錄改寫日
美聯新人最多一壘打	192安打	167安打（1953年H・Kuenn）	9/5
美聯最多一壘打	192安打	187安打（1985年W・Boggs）	10/3
大聯盟新人最多安打	242安打	233安打（1911年J・Jackson）	9/29
大聯盟現役球員最多安打	242安打（大聯盟歷代排名第9）	240安打（2000年D・Erstad）	10/5
大聯盟最多安打場次	135場	135場（1985年Boggs等）	10/7追平
球團最多安打場次	135場	125場（1998年A・Rodriguez）	9/24
球團最多安打	242安打	215安打（1996年A・Rodriguez）	9/8
球團複數安打場次	75場	65場（1996年A・Rodriguez）	9/3
球團新人連續安打場次	23場（5/18達成）	12場（1983年R・Nelson等）	4/18
球團新人最多盜壘	56盜壘	21盜壘（1984年P・Bradley）	6/17
球團新人最多得分	127得分	85分（1977年R・Jones）	7/27
球團新人最多打數	692打數	597打數（1977年R・Jones）	9/3
球團新人最多三壘打	8三壘打	8三壘打（1977年R・Jones）	7/22追平
個人最多安打	242安打	210安打（1994年）	9/3
個人最多盜壘	56盜壘	49盜壘（1995年）	9/25

月	日	對手	勝敗	比分	1	2	3	4	5	6	7	打數	安打	打點	三振	四死	盜壘	全壘打	打擊率	連安
7	20	@MIN	○	4-0	三界	一滾	三滾	三振	游滾			5	0	0	1	0	0	0	.325	
	21	@MIN	○	6-3	左飛	三滾	**右安**	三振				4	1	0	1	0	0	0	.324	
	22	@MIN	○	6-3	二滾	**右中3**	觸身	**三安**	投失			4	2	1	0	1	0	0	.326	
	23	@MIN	○	3-2	三振	**右安**	**中安**	游飛				4	2	1	1	0	1	0	.327	
	24	KCA	●	1-6	**游安**	右飛	二滾	二滾				4	1	0	0	0	0	0	.327	
	25	KCA	●	1-5	游滾	二滾	游滾	**中2**				4	1	0	0	0	0	0	.326	
	26	KCA	○	4-0	三平飛	**二安**	二滾	一滾	**中安**			5	2	1	0	0	1	0	.327	
	27	MIN	○	11-4	游失	中飛	游滾	二滾	右全			5	1	1	0	0	1	1	.325	
	28	MIN	○	5-1	**三安**	**右2**	**中安**	一滾				4	3	2	0	0	1	0	.329	
	29	MIN	○	10-2	游滾	左飛	左界	犧觸	**中安**			4	1	0	0	0	0	0	.328	
	31	@DET	●	2-4	左飛	**中安**	**右安**	中飛				4	2	0	0	0	1	0	.330	
8	1	@DET	○	7-1	一滾	**右安**	**左安**	中飛	四壞			4	2	0	0	1	1	0	.331	
	2	@DET	○	2-1	三平飛							1	0	0	0	0	0	0	.331	
	3	@CLE	○	2-1	二滾	投滾	三振	**三安**				4	1	0	1	0	0	0	.330	
	4	@CLE	○	8-5	二飛	三振	**中安**	**左安**	二滾	**中安**		6	3	1	1	0	0	0	.332	
	5	@CLE	●	14-15	三振		中犧	投滾				3	1	3	1	0	0	0	.332	
	6	@CLE	○	8-6	**左中2**	**左2**	三滾	**中安**	二飛	四壞		5	3	2	0	1	0	0	.335	
	7	TOR	○	5-4	游滾	**右2**	游滾	三振	故四	三振	一滾	6	1	0	2	1	0	0	.333	
	8	TOR	○	12-4	**左安**	**中2**	一飛	**左安**	二滾	**中安**		6	4	2	0	0	0	0	.337	
	9	TOR	●	5-6	右飛	一滾	游滾	四壞	**二安**			4	1	0	0	1	0	0	.336	
	10	CHA	●	6-8	中飛	觸身	四壞	**三安**	中飛			3	1	0	0	2	0	0	.336	
	11	CHA	○	4-3	一滾	一滾	二飛	三滾	**左安**			5	1	2	0	0	0	0	.335	
	12	CHA	○	2-1	**左安**	二滾	三振	**捕安**	觸身	左飛		5	2	1	1	1	2	0	.336	
	14	@BOS	○	6-3	三振	二飛	**右安**	**游安**	**左安**	**游安**		6	4	1	1	0	0	0	.340	
	15	@BOS	○	6-2	**左中2**	投犧	三振	四壞	**左安**			3	2	1	1	1	0	0	.342	
	16	@BOS	●	4-6	**中安**	**二滾**	**中安**	三平飛	**中安**			5	3	1	0	0	0	0	.344	
	17	@NYA	●	0-4	三滾	**游安**	左飛	**中安**				4	2	0	0	0	0	0	.345	
	18	@NYA	○	7-6	三振	三犧	**右中2**	游滾	三滾			4	1	0	1	0	0	0	.344	
	19	@NYA	○	10-2	中飛	捕界	三振	**左安**	投滾			5	1	0	1	0	0	0	.343	
	20	DET	●	1-4	**游安**	左飛	二滾	游滾				4	1	0	0	0	0	0	.342	
	21	DET	○	4-1	左飛	**右安**	二飛	三振				4	1	0	1	0	0	0	.342	
	22	DET	○	16-1	**左安**	**左安**	**中安**	一滾				4	3	1	0	0	0	0	.345	
	23	DET	○	5-1	**右安**	**左安**	投滾	**中安**				4	3	1	0	0	0	0	.348	
	24	CLE	○	4-1	三振	**左安**	**中安**	**中安**				4	3	1	1	0	0	0	.350	
	26	CLE	●	3-4	中平飛	三滾	二雙	游飛	投滾			5	0	0	0	0	0	0	.347	
	28	@TBA	●	0-6	**中安**	觸身	左飛	**中安**				3	2	0	0	1	2	0	.349	
	29	@TBA	○	5-2	**右安**	二滾	二平飛	**左安**				4	2	0	0	0	0	0	.350	
	30	@TBA	○	4-0	二滾	**游安**	左飛	**游安**	一滾			5	2	0	0	0	0	0	.351	
	31	@BAL	●	0-3	三滾	二滾	二滾	**三安**				4	1	0	0	0	2	0	.350	
9	1	@BAL	○	6-4	左飛	**左安**	投滾	**投安**	**左安**			5	3	2	0	0	2	0	.352	
	2	@BAL	○	1-0	左飛	**游安**	游滾	二滾				4	1	0	0	0	0	0	.351	
	3	TBA	○	3-2	**中安**	游滾	三振	二失	故四	**游安**		5	2	0	1	1	0	0	.352	
	4	TBA	●	3-8	三振	一平飛	中飛	二滾	中飛			5	0	0	1	0	0	0	.349	
	5	TBA	○	12-6	游飛	四壞	**一安**	投犧失	投滾			3	1	0	0	1	0	0	.349	
	7	BAL	○	10-1	**游安**	**右安**	**中安**	游滾	一飛			5	3	0	0	0	1	0	.351	
	8	BAL	○	6-1	**一安**	**右全**	右飛	故四	一滾			4	2	1	0	1	0	1	.352	
	9	BAL	○	6-0	游滾	一滾	二飛	三振				4	0	0	1	0	0	0	.349	
	10	@ANA	○	5-1	二滾	游滾	二滾	三振	故四			4	0	0	1	1	0	0	.347	
	18	ANA	○	4-0	**投安**	**三安**	**右安**	一滾				4	3	0	0	0	0	0	.350	
	19	ANA	○	5-0	投滾	左平飛	游滾失	**中2**				4	1	0	0	0	0	0	.349	
	20	ANA	●	3-6	左飛							1	0	0	0	0	0	0	.349	
	21	@OAK	●	1-5	二飛	三振	三振	**投安**				4	1	0	2	0	0	0	.348	
	22	@OAK	●	2-11	二滾	二飛	**中安**	**二安**				4	2	0	0	0	0	0	.349	
	23	@OAK	●	4-7	游滾	二滾	**左安**	三振	一滾			5	1	0	1	0	1	0	.348	
	24	@TEX	○	9-3	二滾	**游安**	三滾	四壞	中飛	**游安**		5	2	0	0	1	2	0	.348	
	25	@TEX	○	13-2	**中安**	三振	**左安**	游飛	三振			5	2	0	2	0	3	0	.349	
	26	@TEX	○	7-5	右平飛	**右安**	**右安**	三滾	一滾	投滾		6	2	0	0	0	0	0	.348	
	28	OAK	○	5-3	**三安**	**游安**	二滾	四壞				3	2	0	0	1	0	0	.350	
	29	OAK	●	4-8	中飛	游飛	**中安**	游滾	三振			5	1	0	1	0	0	0	.349	
	30	OAK	○	6-3	游滾	三滾	**右全**	游滾				4	1	1	0	0	1	1	.348	
10	3	@ANA	○	4-3	三飛	**右安**	**左2**	**二安**	**投安**			5	4	0	0	0	1	0	.351	
	4	TEX	○	16-1	三滾	**捕安**	游滾	游滾				4	1	0	0	0	0	0	.351	
	5	TEX	○	6-2	右飛	**二安**	三振	游飛				4	1	0	1	0	1	0	.350	
	7	TEX	●	3-4	**右2**	投滾	一平飛	三振				4	1	0	1	0		0	.350	
月	日	對手	勝敗	比分	1	2	3	4	5	6	7	打數	安打	打點	三振	四死	盜壘	全壘打	打擊率	連安
總計157場				111勝46敗								692	242	69	53	39	56	8	.350	

月	日	對手	勝敗	比分	1	2	3	4	5	6	7	打數	安打	打點	三振	四死	盜壘	全壘打	打擊率	連安
5	4	TOR	●	3-8	左安	中安	二滾	左飛				4	2	0	0	0	0	0	.348	
	5	TOR	○	7-5	游滾	游滾	左中2	左中3	捕滾			5	2	2	0	0	0	0	.350	
	6	TOR	●	3-11	右安	三界	投滾	中飛				4	1	0	0	0	0	0	.348	
	8	@BOS	●	4-12	二平飛	中安	左2	一滾	一滾			5	2	1	0	0	0	0	.349	
	9	@BOS	○	10-5	二安	三界	三滾	二滾	二滾	中飛		6	1	0	0	0	3	0	.342	
	10	@BOS	○	5-2	左飛	二滾	右安	游滾	左飛			5	1	1	0	0	1	0	.338	
	11	@TOR	○	7-2	三振	二滾	三安	游安	二滾			5	2	0	1	0	0	0	.340	
	12	@TOR	○	11-7	游滾	中安	左2	右中3	左飛	中安		6	4	1	0	0	1	0	.351	
	13	@TOR	○	7-5	右2	觸身	中3	右安	觸身	三振		4	3	0	1	2	0	0	.360	
	15	CHA	○	4-3	中安	游滾	右飛	中安	三振			5	2	1	1	0	0	0	.362	
	16	CHA	○	7-2	游飛	左中2	投滾	四壞	右安			4	2	1	0	1	0	0	.365	
	17	CHA	○	5-1	中安	一滾	三安	游滾	右安			5	3	0	0	0	2	0	.371	
	18	NYA	●	10-14	二飛	中安	三界	左安	右中2	投滾		6	3	2	0	0	2	0	.375	
	19	NYA	●	1-2	游滾	投滾	三振	觸身	游滾			4	0	0	1	1	0	0	.367	
	20	NYA	○	6-2	二滾	左2	左飛	左飛				4	1	0	0	0	0	0	.365	
	22	@MIN	●	11-12	投滾	三振	二滾	游安	三滾	左犧		5	1	1	1	0	0	0	.361	
	23	@MIN	○	5-4	中平飛	左飛	右2	中安	左界			5	2	0	0	0	0	0	.362	
	25	@KCA	○	9-6	三振	中安	三滾	右安	投失			5	2	1	1	0	0	0	.363	
	26	@KCA	○	7-2	游滾	二安	右飛	右飛	二滾	游滾		6	1	0	0	0	0	0	.357	
	27	@KCA	○	5-4	游滾	故四						1	0	0	0	1	0	0	.356	
	28	@KCA	○	13-3	二滾	二滾	右安	中安	三飛	三滾		6	2	0	0	0	0	0	.355	
	29	BAL	○	3-2	游滾	中飛	右安	右2				4	2	1	0	0	0	0	.358	
	30	BAL	○	12-5	捕滾	一滾	二安	左失	右2			5	2	1	0	0	1	0	.359	
	31	BAL	○	2-1	二平飛	四壞	三滾	捕安				3	1	0	0	1	1	0	.358	
6	1	TBA	○	8-4	游平飛	左飛	二滾	右飛	左安			5	1	1	0	0	1	0	.355	
	2	TBA	○	7-4	中安	投滾	左2	左飛	二滾			5	2	0	0	0	0	0	.356	
	3	TBA	○	8-4	四壞	中安	左安	中安	投滾			4	3	1	0	1	2	0	.362	
	4	TEX	○	11-6	二滾	左安	四壞	三安	故四			3	2	0	0	2	0	0	.366	
	5	TEX	○	5-4	三滾	一滾	中犧	游滾	二滾			4	0	1	0	0	0	0	.360	
	6	TEX	○	7-3	三振	二滾	右中2	投安	左飛			5	2	0	1	0	0	0	.361	
	8	SDN	○	7-1	中安	二安	右飛	左飛				4	2	0	0	0	0	0	.359	
	9	SDN	●	3-6	左飛	右安	左飛	二滾	中平飛			5	1	0	0	0	0	0	.356	
	10	SDN	○	8-1	游滾	二滾	右全	三振	中飛			5	1	2	1	0	0	1	.354	
	12	@COL	○	10-9	一滾	中安	投滾	一滾	左平飛			5	1	0	0	0	0	0	.351	
	14	@COL	●	2-8	中飛	投滾	投安	游滾				4	1	0	0	0	1	0	.349	
	15	@SDN	○	8-4	游安	四壞	中飛	左安	中飛	中飛		5	2	0	0	1	1	0	.350	
	16	@SDN	○	9-2	二滾	一滾	游滾	右中3	二滾			5	1	1	0	0	0	0	.348	
	17	@SDN	●	9-11	右飛	中安	一滾	中安	左安			5	3	1	0	0	1	0	.352	
	18	@OAK	●	3-4	三失	二滾	游滾	二滾				4	0	0	0	0	0	0	.347	
	19	@OAK	○	8-7	一滾	左中2	三滾	三滾	中安			5	2	1	0	0	0	0	.348	
	20	@OAK	●	4-6	一滾	中飛	左安	中安	游滾			5	2	0	0	0	0	0	.349	
	21	@OAK	○	12-10	投滾	投安	左安	左飛	中安	故四		5	3	0	0	1	2	0	.353	
	22	ANA	●	1-8	右飛	左安	中飛	中安				4	2	0	0	0	0	0	.355	
	23	ANA	●	1-2	二滾	二滾	游滾	二滾	左飛			5	0	0	0	0	0	0	.349	
	26	OAK	○	7-3	二安	四壞	二滾	左安	二滾			4	2	1	0	1	1	0	.351	
	27	OAK	●	3-6	三滾	二滾	投安	三滾	三振			5	1	0	1	0	0	0	.349	
	28	OAK	●	3-6	中飛	中飛	中安	中飛				4	1	1	0	0	0	0	.348	
	29	@ANA	○	9-5	左安	三安	游滾	一滾	三振			5	2	1	1	0	1	0	.349	
	30	@ANA	○	5-3	二平飛	右2	左飛	一滾	中安			5	2	0	0	0	0	0	.349	
7	1	@ANA	○	5-0	中飛	二滾	右飛	四壞	游滾			4	0	0	0	1	0	0	.345	
	2	@TEX	○	9-7	三振	右全						2	1	2	1	0	0	1	.346	
	3	@TEX	○	8-4	二滾	左飛	左中3	左2	中安			5	3	1	0	0	1	0	.350	
	4	@TEX	●	3-6	三振	二滾	中安	三振	二滾			5	1	0	2	0	0	0	.348	
	5	@TEX	●	2-14	三滾	游滾	三振					3	0	0	1	0	0	0	.345	
	6	@LAN	○	13-0	右全	三振	左安	故四	二失	右安		5	3	2	1	1	0	1	.348	
	7	@LAN	●	1-2	一滾	二滾	三滾	四壞				3	0	0	0	1	0	0	.346	
	8	@LAN	○	9-2	二滾	觸身	中飛	右2	三飛			4	1	0	0	1	0	0	.345	
	12	SFN	○	4-3	三界	二安	右飛	投滾	二滾			5	1	0	0	0	0	0	.343	
	13	SFN	●	3-5	三振	中飛	投滾	游滾				4	0	0	1	0	1	0	.339	
	14	SFN	○	3-2	四壞	右犧	四壞	右飛				1	0	1	0	2	1	0	.338	
	15	ARI	○	8-0	二滾	二滾	游滾	游界	右飛			5	0	0	0	0	0	0	.334	
	16	ARI	●	3-5	投滾	二滾	一滾	三振	捕界			5	0	0	1	0	0	0	.330	
	17	ARI	○	6-1	左安	二滾	左飛	中2				4	2	0	0	0	1	0	.332	
	18	@KCA	○	2-0	左安	二滾	中飛	右2	三飛			5	2	0	0	0	0	0	.333	
	19	@KCA	●	3-6	游平飛	游雙	三振	游滾	一滾			5	0	0	1	0	0	0	.329	
月	日	對手	勝敗	比分	1	2	3	4	5	6	7	打數	安打	打點	三振	四死	盜壘	全壘打	打擊率	連安

ICHIRO

SEATTLE MARINERS 51

MLB 2001年球季全紀錄

OAK＝奧克蘭・運動家隊
TEX＝德州・遊騎兵隊
ANA＝安納罕・天使隊
NYA＝紐約・洋基隊
CHA＝芝加哥・白襪隊
BOS＝波士頓・紅襪隊
TOR＝多倫多・藍鳥隊
MIN＝明尼蘇達・雙城隊
KCA＝堪薩斯・皇家隊
BAL＝巴爾的摩・金鶯隊
TBA＝坦帕灣・魔鬼魚隊
SDN＝聖地牙哥・教士隊
COL＝科羅拉多・落磯隊
LAN＝洛杉磯・道奇隊
SFN＝舊金山・巨人隊
ARI＝亞利桑那・響尾蛇隊
DET＝底特律・老虎隊
CLE＝克里夫蘭・印第安人隊

@＝客場出賽
妨礙＝妨礙守備

月	日	對手	勝敗	比分	1	2	3	4	5	6	7	打數	安打	打點	三振	四死	盜壘	全壘打	打擊率	連安
4	2	OAK	○	5-4	二滾	一滾	三振	**中安**	**投安**			5	2	0	1	0	0	0	.400	
	3	OAK	●	1-5	中飛	二滾	三振	三滾				4	0	0	1	0	0	0	.222	
	4	OAK	○	10-2	**右安**	**中安**	游滾	故四	投滾			4	2	0	0	1	0	0	.308	
	6	@TEX	○	9-7	**左2**	**中安**	二滾	左飛	**三安**	**右全**		6	4	2	0	0	0	1	.421	
	7	@TEX	○	6-5	游滾	游滾	**二安**	**投安**	游滾			5	2	0	0	0	0	0	.417	
	8	@TEX	●	4-5	投滾	投滾	**右安**	左飛	二滾			5	1	0	0	0	0	0	.379	
	10	@OKA	○	5-1	左飛	三滾	投滾	**中安**	四壞			4	1	1	0	1	0	0	.364	
	11	@OKA	○	3-0	**左安**	投滾						2	1	0	0	0	0	0	.371	
	12	@OKA	○	7-3	二滾	**中安**	四壞	游滾	游滾			4	1	0	0	1	0	0	.359	
	13	@ANA	●	3-4	三振	三平飛	妨礙	二滾	**游安**			5	1	0	1	0	0	0	.341	
	14	@ANA	○	2-1	游滾	二滾	**左安**	游滾				4	1	1	0	0	0	0	.333	
	15	@ANA	○	7-5	游滾	三滾	投滾	一滾	**左安**			5	1	0	0	0	1	0	.321	
	16	TEX	○	9-7	游滾	**左安**	四壞	中飛	**左安**			4	2	0	0	1	0	0	.333	
	17	TEX	○	6-4	**中安**	**三安**	**右安**	**右中3**				4	4	1	0	0	0	0	.377	
	18	TEX	●	6-8	二滾	二滾	游滾	**右全**	三界			5	1	1	0	0	0	1	.364	
	19	ANA	○	3-2	**中安**	投滾	**投安**	三界				4	2	0	0	0	1	0	.371	
	20	ANA	○	4-1	**右2**	**左安**	游滾	左飛				4	2	0	0	0	0	0	.378	
	21	ANA	○	5-2	右飛	游飛	二飛	游滾				4	0	0	0	0	0	0	.359	
	22	ANA	○	5-0	**右安**	游飛	三滾	**右安**	一滾			5	2	1	0	0	1	0	.361	
	24	@NYA	○	7-5	游滾	左飛	二滾	左飛	**投安**			5	1	0	0	0	0	0	.352	
	25	@NYA	○	7-5	三振	**中安**	游滾	**中安**	右飛			5	2	2	1	0	0	0	.355	
	26	@NYA	○	7-3	左飛	**中安**	三振	一滾	二失			5	1	0	1	0	1	0	.347	
	27	@CHA	○	8-3	二滾	**一2**	游飛	二雙	三滾	三振		6	1	2	1	0	0	0	.337	
	28	@CHA	○	8-5	**中安**	二滾	右平飛	二滾	**游安**	**左安**		6	3	0	0	0	0	0	.345	
	29	@CHA	●	1-2	三振	投滾	投滾	**中安**	二滾	三振		6	1	0	2	0	1	0	.336	
5	1	BOS	●	0-2	中飛	**游安**	二滾	三滾				4	1	0	0	0	0	0	.333	
	2	BOS	○	5-1	二滾	中飛	觸身	**中3**				3	1	1	0	1	0	0	.333	
	3	BOS	○	10-3	**右2**	**游安**	二滾	投滾	**右安**			5	3	0	0	0	1	0	.344	
月	日	對手	勝敗	比分	1	2	3	4	5	6	7	打數	安打	打點	三振	四死	盜壘	全壘打	打擊率	連安

小松成美

1962年出生於神奈川縣橫浜市。曾任上班族，1989年開始執筆寫作。積極於雜誌發表人物特寫、散文、專訪等。著作有《ビートルズが愛した女ーアストリット・Kの存在ー》（幻冬舎文庫）《中田英寿　鼓動》（幻冬舎文庫）《ジョカトーレ中田英寿　新世紀へ》（文藝春秋）。並編有《中田語錄》（文春文庫）。

ICHIRO ON ICHIRO
Interview Special Edition
鈴木一朗訪談全紀錄

2006年12月1日初版第一刷發行

著　者　小松成美
譯　者　林　峥
發行人　片山成二
發行所　台灣東販股份有限公司
〈地址〉台北市南京東路四段25號3樓
〈電話〉(02)2545-6277～9
〈傳真〉(02)2545-6273
新聞局登記字號　局版臺業字第4680號
郵撥帳號　1405049-4
法律顧問　蕭雄淋律師
總經銷　農學股份有限公司　〈電話〉(02)2917-8022

Printed in Taiwan

TOHAN